专栏写作的艺术

专栏写作大师的不传之秘

苏载特·马丁内兹·斯坦德灵／著
熊锡源／译

南方日报出版社
NANFANG DAILY PRESS
中国·广州

图书在版编目（CIP）数据

专栏写作的艺术 ：专栏写作大师的不传之秘 /苏载特·马丁内兹·斯坦德灵著 ；熊锡源译. — 广州 ：南方日报出版社，2014.12
ISBN 978-7-5491-1061-2

Ⅰ. ①专… Ⅱ. ①熊… Ⅲ. ①专栏－新闻写作 Ⅳ. ①G212.2

中国版本图书馆 CIP 数据核字(2014)第 304906 号

原书名：The Art of Column Writing: Insider Secrets from Art Buchwald
作者：Suzette Martinez Standring

专栏写作的艺术——专栏写作大师的不传之秘

著　　者：苏载特·马丁内兹·斯坦德灵
出版发行：南方日报出版社
地　　址：广州市广州大道中 289 号
责任编辑：刘志一　郑　颖
装帧设计：邓晓童
责任技编：王　兰
责任校对：阮昌汉
经　　销：全国新华书店
印　　刷：广州汉鼎印务有限公司
开　　本：889mm×1194mm　1/16
印　　张：14.25
字　　数：200 千字
版　　次：2014 年 12 月第 1 版
印　　次：2014 年 12 月第 1 次印刷
定　　价：35.00 元

投稿热线：（020）87373998-8503　读者热线：（020）87373998-8502

网址：http://www.nanfangdaily.com.cn/press　http://www.southcn.com/ebook

发现印装质量问题，影响阅读，请与承印厂联系调换。

序

每天一早，数以百万计的读者都会打开报纸，翻到他们最喜欢的专栏作家那一页。或许你也曾想过要把自己的经历或观点写成一篇专栏文章吧。

因此我知道，这本书会对你有所帮助。

2000年起，我成为一名从事专栏写作的自由职业者，在很短的时间内，我的作品就从偶尔见报变为经常被报纸采用。2003年，我获选马萨诸塞州《米尔顿时报》读者心目中的“最佳专栏作家”。2005年，我第一次向《波士顿环球报》投稿，结果我投的三篇专栏文章都被采用了。2006年，我受马萨诸塞州的《爱国者纪事报》聘请，成为他们宗教版面的《信仰与价值观》专栏的常驻撰稿人。同年，我写了一篇专栏文章，描述我和专栏作家艾特•布赫瓦尔德在临终关怀医院共度两天的情形；该文后来在全国性新闻网页上广泛转引，并在美国国家公共电台（NPR）的波士顿分台播出。

秘诀何在呢？那就是，向我在全国报纸专栏作家协会（NSNC）认识的同行学习。该协会是美国专门为报纸专栏作家服务的历史最悠久、规模最大的组织。我在1999年加入该协会，并在2004—2006年期间担任该协会的会长。

相较而言，我的同行们的简历可就要更有分量，也更令人印象深刻。

但是，考虑到我的背景——我没有获得过大学学位，也没有经过写作方面的正规训练——我的进步令人惊叹。在此，我要感谢我的同行们，是他们慷慨地给我提了很多有关写作的建议。

从各位正在从事专栏写作的作家身上，我学会了如何用全身所有的感官去写作，如何去领悟某个人真实的声音，如何去和编辑打交道，以及如何去让自己写的东西有新鲜感。在尝试领会他们的成功之道的同时，我感受到了他们的伟大之处；回过头来，他们也在推动着我走向伟大。我在不断成长，但是，当初我第一次蹑手蹑脚地走进满是职业专栏作家的某个酒店的舞厅时，我的里程碑在哪里还是未知数。

他们给我的远远不只是关于如何写作的实用初级手册，他们更是教会我如何去成为一个专栏作家。

真诚。真实。用自己的一切认识能力帮助别人理解周围的世界，或者不妨说，去帮助改变我们每个人所能够得到的那一小部分世界。

我突然想到，既然他们给我的建议曾经推动了我的事业的进步，那么，我为什么不为别人挖掘一下这个富矿呢？或许你也刚刚起步，正需要建议呢。如果你已经是个经验丰富的专栏作家，那么，也不妨借此书温故知新一番。

本书中，活跃于各大专栏的作家们和大家分享他们在专栏写作方面的成功秘诀。愿你能感受到这行业内最优秀的作家在进行这一独特又可爱的文体写作时的激情，让你溅出灵感的火花。

苏载特•马丁内兹•斯坦德灵

全国报纸专栏作家协会前会长

2007年7月11日

导言　寻找专栏

因此你要查查，看这世上是否存在某个可以让你倾注性灵的所在。
——阿尔伯特•斯威泽

专栏的叙事高度浓缩，你梦想着能写出伟大的专栏文章，借此促使人们采取行动。因为你的缘故，固执己见的反对派改变了他们许久以来的观点。读者或者大笑或者悲泣，却又都肯定会问自己的朋友："今天上午你读了某某人的专栏了吗？"

这就是你的梦想。

无一例外地，你的逐梦之旅总是从下面的问题开始的："我怎样才能成为一个专栏作家呢？"

实情是：很多人是在各种千奇百怪、匪夷所思的情况下走上了专栏写作的职业道路的。这当然情有可原，因为专栏作家就是些千奇百怪、匪夷所思的人。很少人一开始就把"专栏作家"当作自己的终极目标。很多人本来从事其他方面的写作，比如说新闻记者、音乐评论家、图书作者或者是专题新闻撰稿人。有人开始只是经常给报纸的"读者来信"栏目写信，后来也成了专栏作家。专栏作家的王国里满是曲曲折折的通道。

在从事报纸专栏写作以前，我是我故乡加利福尼亚州的一个协会理事长，写作经历主要包括一些法律研讨会的推广文案、给大牌律师写劝说信函。给朋友写的一些诙谐好玩的长信代表着我的主要写作成就。

1998年，因为丈夫在一家医药机构谋职，我们把家搬到了新泽西州。那时候，我看到了一则新闻专业成人教育班的招生广告。

我想："好啊，把写作当作职业。不再和律师打交道……太好了。"

当时《亨特敦县民主党人报》的主办人、编辑杰·郎利教我们新闻写作的基础知识，他让我们写六个星期的习作。郎利对我的"作业"很欣赏，建议我为他写稿。

这一切来得如此之快。我先是写了一篇采蘑菇的通讯，让他刮目相看，然后我就成了这个县报的新闻记者了。

"等等，"我说，"我对新泽西州还不熟悉呢。要我写县里的各种政治斗争？那可不行。要是写县里的各个集市，那或许还行。"

郎利说："看多了你就熟悉啦。"

我提的那个"自由所有人董事会是什么"的问题还在走廊里哀怨地回荡呢，他就挥了挥手，示意我离开了——后来我很快就得知，那是一个由选民选出来的官员组成的县委员会。

就这样，我参与了城市空地保护和地方选举的问题。我成了关注鹿群过度繁殖问题的代言人。我原本对怎样处理野生动物毫无经验，可是不久，我就成为一个鹿群生物学、红外线空中调查、庄稼损失和莱姆病[1]等方面的专家。

于是我就写了一篇幽默专栏文章来抒发自己的感受。文章采用了一个城市妇女的视角，她如今居住在新泽西郊区的农村里。我写到诸如第一次见到鹿群的情形。那时候，我兴奋得跳来跳去，两眼发光，激动得就好像看到了大猩猩一样。相反，我的邻居们则很是不屑，他们喝着咖啡，连头都不抬一下。因为一群群的鹿都来啃食他们的草地，他们早都麻木了。

写这样的专栏文章是在县里召开会议之前消磨时间的一种方式。一时冲动，我把其中一篇递给编辑，问："你觉得怎么样？"

"不错啊，我要登出来。"郎利说。

这后来成了一篇受欢迎的通讯稿。

后来我搬家到了波士顿，刚产生的对专栏写作的激情却丝毫未减。这时候，我决定试试做一个自由撰稿人。

[1]译者注：莱姆病是一种由蜱虫传播的人畜共患急性传染病，由莱姆病螺旋体感染引起，表现为麻疹、发烧等症状。（本书所有脚注均为译者所加，后文加注时不再说明）

我加入了全国报纸专栏作家协会，期待着专栏作家协会能为我指点迷津，引导我走向一条通向专栏写作职业的康庄大道。

猜怎么着了？这样的康庄大道并不存在。

按照同行们的说法，他们成为专栏作家的方式各不相同：有的是因为发生了某个非同寻常的意外，有的是因为勤奋，有的是因为在合适的时间、合适的地点写了合适的主题，有的是因为有良好的人际关系，有的纯粹是因为机缘凑巧，有的是因为在新闻报道职责之外加开了一个专栏，有的是因为应聘了某个广告，有的是因为写出了一堆可以刊载的作品，有的是因为联网工作，有的是因为不断地和报社编辑软磨硬泡，有的是因为培养了一批和报纸不一样的读者群，有的是因为写过书，有的是因为自己成了专家，还有的仅仅完全靠运气。

很多人站在自己的计划（或者完全没有计划）面前，发誓一定要成为一个专栏作家；然而，真正的实情是：每一个胜利都取决于优秀的文笔。

这就引出了另一个在人们寻求成为专栏作家时常常问及的问题："我的文章可以在哪里发表？"

当然，作为一个新人，这个问题也正是我自己的圣杯难题[1]。

让我非常懊恼的是，我发现，这是一个就像是把马车套在马前一样的本末倒置的问题。

不妨问："怎样才能使我的文章具有发表的价值？"

且让我们花点时间解构一下报纸专栏，看看它包含一些什么内容。

它必须包含某个故事、信息或具有说服力的论点，以此来抓住读者。把这样的思想满满地塞进比如说是600个精挑细选的词语中，创造一个吸引人的开头，一个内容翔实的中间主体部分，而且最好有个出人意料的结尾。这一切都用某种独特的声音写出来，这种声音要独具特色，让任何人都能不看署名就可以识别出作者来。

"我们的写作更像是短篇小说。"具有传奇色彩的都市专栏作家皮特•汉米尔在得克萨斯州举办的2005年全国报纸专栏作家协会年会上说。

要写好高度浓缩的作品，需要时间、天分和练习。

[1]圣杯是传说中耶稣基督在最后的晚餐中使用过的餐杯，曾在基督受刑时装过基督的血，因而被认为具有神力。后来遗失，成为传说中骑士竞相寻找的圣物。

有抱负的专栏作家常常会寻求一个经过验证，被证明是靠得住的写作公式。是否存在一种理想的格式或篇幅？是应该讨论最近的话题呢，还是应该写那些具有一定时效性的话题？

一个型号的衣服不可能让所有人都合身；考虑到不同专栏的主题涉及从政治到父母之道的所有领域，因此也不存在一种唯一的适用于所有专栏的方案。对专业话题有真知灼见固然有所助益，但是，不同专栏作家之间的那个纽带，亦即是我们的文章能够发表的真正希望，是追求出类拔萃的写作能力的激情。

因此，我们不要一开始就问“什么报纸会发表我的专栏文章？”。

反之，让我们寻找如下问题的答案吧：“我如何才能使我的专栏文章出类拔萃？”

本书下面的内容就是那些获奖的专栏作家给出的最好的忠告。

目录
Contents

第一编

专栏写作技巧

观　点

> 一个确定的目标就像给马匹戴上眼罩一样，不可避免地会令其持有者的观点变得狭窄。
>
> ——罗伯特·弗罗斯特

寻赏：征寻一个强有力的个性化观点，尤其强调“个性化”。在新闻业，只有专栏写作这种形式允许作者用自己的个性来塑造信息，同时也塑造作者的自我形象。

观点和“声音”不同。声音是指专栏作家的写作风格；而观点是作者的视角，是他用文字表现出来的确定身份。比如说，读者期望专栏作家莫莉•艾文斯持一种政治上自由的观点，而其写作的声音则表现出一种幽默感，好像是说：“难道这不就是顶呱呱的吗？”

观点书写得明白无误的例子是评论，其中，作者的个人意见带有其政治观点的色彩。忠告专栏的作家们就如何处理生活中的问题提出自己独特的带有倾向性的建议。幽默专栏作家则以独特的方式展示自己对这个歪曲的世界的看法。

专栏写作允许个人偏见。事实上，全国报纸专栏作家协会举行的一次调查表明，大多数专栏作家都认为，专栏写作不需要客观公正。人们并不期望专栏作家对某个事情的两面都做出不偏不倚的评价。

然而，在书写偏见时，专栏作家有义务用事实来支撑自己的偏见。

你可以表现你的激情，但是要用相应的调查研究和对事件的准确描述来支持你的激情，因为读者在理解事件、形成观念的时候会从专栏作家那里寻求帮助。

“这就要求你做得几乎像律师一样。你要用你的论证过程说服你的陪审团（也就是你的读者），让他们相信你的当事人（即你的观点）是对的。要使你的论证过程充分有力，这需要实践，需要知识的深度和广度，还需要你具有批评性地分析某个特定事件的能力。”写作咨询专家吴耀这样写道。吴耀是新加坡《今天日报》和马来西亚商业周刊《刀锋》的专栏作家。

瓦尔特·布拉什是一个新闻学和大众交际学专业教授，是一个双周刊辛迪加[1]报纸专栏的主笔。作为无数新闻奖的获得者，布拉什就观点问题提出了两条建议：

- 极力避免同质化的风格。不要模仿流行的专栏作家，要为读者提供一些与众不同的东西。他说：“专栏作家们你读我的，我读你的，结果大家就开始写出一样的货色了，这太常见了。”
- 不要粉饰你的观点。你的听众就是读者，不要为了讨好编辑或者是仅仅为了能够发表而修饰你的观点。当编辑们想要自己的作者模仿那些著名的报纸专栏作家的风格时，他们常常是会令读者失望的。

布拉什说：“问题在于让编辑们相信，他们需要来自全国各地所有不同作家的各种各样的观点。”

一个原创的观点是令人无法抗拒的。《华盛顿邮报》的专栏作家罗宾·吉芙汉赢得了2006年普利策评论奖。这是时装专栏作家第一次获得这一奖项。

从1995年起，吉芙汉就担任《华盛顿邮报》的编辑和专栏作家，其专栏涉及全球时装业、总统就职典礼以及奥斯卡奖。在此之前她曾在《时尚》杂志、《底特律自由报》和《旧金山编年史》等新闻出版单位工作。

她的时装专栏以其独特的观点而大受欢迎。政要、名流要通过自己的某种穿着传递什么样的潜在信息呢？她揭示出，他们选择的服装是一种象征，一种虚饰，一种改革的决心，是失礼，甚或是无礼。

在克林顿的第二次就职典礼上的“礼服观察”是她灵光一现的时刻。那时候，华盛顿的政治和时尚交汇在一起，共同创造了她的专栏视角。

[1]辛迪加是多家企业联合共享资源的一种方式，也指把知识产品如文章、图片、电视节目等同时供应给多家媒体。本书后文还提到“辛迪加投稿”。

吉芙汉说："我问自己，我们为什么会对礼服的式样这样在意呢？我就此写了一篇文章，意识到第一夫人的角色及其服装原来是这么具有象征意味。

"做第一夫人，其主要职责就是代表美国人民；这不是一个有着具体工作的职位。作为一个符号，一个包装，你希望第一夫人能够展示出我们自己作为一个人的最好的一面。这让我更好地理解了，为什么就职典礼上的礼服是有重要意义的。

"有很多不那么重大的时刻，候选人去参观工厂，脱下外衣，卷起衣袖，和蓝领工人交谈。这是一种视觉上的语言，就好比是说：嗨，你瞧，我也是个普通人。

"我用独特的方式把一个人的服装和其国家层面上的或文化层面上的含义联系起来。我向人们揭示出那种象征的力量。"

每一个专栏作家，不管是新手还是老手，都有着自己独特的观点，因为我们的观点是我们个人经历的集合。世上没有别人曾经拥有过和你完全相同的生活经历，因此，你观察到的内容是独特而丰富的。

布拉什补充说："从出生到现在，专栏作家生命中的所有经历都有助于形成观点。不管什么时候人们问我写一本书或一个专栏需要多长时间，我都会回答说：这花了我一辈子的时间。"

下面的例子就是一篇用独特的观点写作的专栏文章。

有点过于协调的形象

罗宾·吉芙汉

《华盛顿邮报》2005年7月22日星期五

在白宫，已经很久没有出现这样甜美的怀旧气氛了。但是，星期二晚上，在布什总统宣布他的下一位最高法院联席法官人选的时候，约翰·罗伯茨和他的家人们的穿着打扮令人恍惚间回到了20世纪50年代，这实在难以不让人们为之惊叹。

他们——约翰、简、乔茜、杰克——就在那里，和总统一起站在全国人民面前。被提名的约翰穿一件深色西装，照例是白衬衣、红领带。他的妻子和孩子们站在照相机前，衣着光鲜，服饰整洁，光彩熠熠，就像三枚复活节彩蛋、一把吉利贝糖豆，或者是三块小小的新英格兰糖果糕点公司制作的威化饼干。一头黄发的杰克从妈妈那紧抓着自己的手中挣脱开来，他穿一件泡泡纱西装，配短裤、马鞍鞋，享受着被聚光灯照耀的时刻。他的妹妹乔茜半躲在妈妈衣裙的下摆后面，棕色的小卷发闪着微光。她穿一件有着挺括白色衣领的黄色长裙，短袜上饰有花边，脚下是双黑色漆皮的玛丽珍皮鞋。

（我们中有谁突然醒悟过来没有？两个可爱的金发儿童，一个就要走向演讲台前的看起来有点孩子气的爸爸——杰克•爱德华？爱玛•克莱尔？你们想到了吗？如今是不是每个小男孩都取名杰克？）

妻子穿的是草莓红的花呢套装，配灰褐色无带浅口轻便鞋，戴着珠宝。这身装扮单独看来没有什么特别显眼之处，不过，和孩子们那种怀旧的衣着联系起来，其整体效果就是一种不自然的、精心打造的完美无缺。当然，孩子们是无辜的，他们的衣着是父母选的。通过对他们的衣着的选择，家长就创造了一种沾了蜜的完美的气氛，这样的气氛，每年12月都会塞满我们的信箱——来自左邻右舍写给“你和你的家人”的那些个性化的圣诞卡片给你带来新年的问候的时候，就是这种气氛。每个人看起来都像是刚刚洗过一遍，令人敬爱，就像是从卡里•伊芙（Currier & Ives）影印店制作的风景画里走出来一样。

如今大多数儿童都穿盖璞童装（Gap Kids）品牌的休闲服装，或穿从类似价格、具有类似的现代气息的零售店购买的服装，而这对父母却让年轻的杰克少爷穿上了一套让人联想起小时候的肯尼迪总统的衣服。

我们该把孩子和他们的穿着区分开来，从他们的穿着上看不到时代的发展趋势，看不到通俗文化，也看不到时间的流逝。它们不是经典，它们只是过时而已。这样的服装代表着旧世界和祖传家产，代表着一种高出那些喜欢购买发光鞋的平民百姓的隔阂。

这样的服饰也反映了一种审美上的灾难——这在人们拜访白宫时是常有的事。（我该穿什么衣服好呢？我气色好不好？要给我拍照的呢！）通常的建议是：穿着得体。而在拜访白宫这个场合，一个附加的建议可能会是有所助益的：请从过去一百年以来所有被大家普遍接受的衣着风格中挑选一种。（有人可能注意到了，西北大学长曲棍球队在7月12日拜访白宫由总统接见时，那些女士穿的是人字拖鞋：这个场合需要穿适当的鞋子。人字拖模仿的是那种在公共淋浴场所或沙滩上使用的拖鞋，这样的鞋子与总统、白宫这样的场合格格不入。）

穿着得体在某种程度上可以说是一种无私的行为，它丝毫不顾及个人的舒适性。人们不可完全屈从于个人的审美偏好，因而需要问：怎样的穿着才会让别人感受到自己对他们的尊重？什么穿着将会使这个场合变得重要？怎样的穿着才会突出这个场合发生的事情而不是参与其中的个人？

可是罗伯茨一家走得太远了。总统宣布约翰·罗伯茨为其最高法院联席法官的提名人，这就必然地把罗伯茨和他的家人与一个长期以来的传统联系起来。就他们的衣着而言，那是越正式越好，这丝毫没有什么不妥之处。只不过给人这样的感觉：他们在渴望表现得穿着得体、尊重历史的时候，孩子们似乎是被套上了历史的服装似的。

【经《华盛顿邮报》许可使用】

声 音

风格就是你知道自己是谁，知道你想要说什么并能随心所欲地表达。

——戈尔·维达尔（小说家、剧作家）

专栏写作领域的花衣魔笛手[1]用一种令人难忘的声音吸引着读者。声音是作者书写下来的个性，是传达观点的风格。声音让读者通过作者的透光镜来看世界，创造出一种亲切感。当超市里的陌生人说“我感觉我认识你”的时候，专栏作家就成功地创造了自己的声音。

在我的写作生涯之初，我对写作中的声音问题一无所知。1998年的时候，我对报界的工作很陌生，我当时只是忙于抓住新闻报道的六要素：何人、何时、何地、为何以及如何做了何事。安排我去报道当地县里发生的新闻，就好像是“砰”地把我按到一个飞行员的座椅上说：“你把这飞机着陆停好！”

报社的新闻大厅很忙碌，通常没有人可以时刻给你提供指导。偶尔也会有一些智慧的话语像甘霖一样撒落，如果你竖耳聆听，你或许可以

[1]据德国民间传说，13世纪时，德国汉姆林地区鼠患猖獗，有一身着彩衣的外地人自称是捕鼠能手，村民许以重金求其灭鼠。外地人吹响笛子，鼠群便闻声随行，被诱至威悉河淹死。事后，村民违反诺言不付酬劳，吹笛人愤而离去。数周后，吹笛人回到汉姆林再次吹起笛子，村中所有小孩均闻声随行，被带往他乡，不知所终。

听到一些。我第一次听说“声音”这个词，是他们在我完成正常工作之余布置我兼写一篇幽默专栏文章的时候。

编辑说：“你的专栏不要超过500个词。”

“怎样才能不超过500个词呢？”

“写紧凑点，不要冗词赘语。你的声音不错。”

嗯，我站在走廊里，怔住了。我开始以为他说的是我说话的声音，可是，他并没有怎么听我说过话，所以，这说不通。

后来我终于明白了写作中的声音的概念，我对这个问题就越加关注了。我的声音是否足够好？我可以改进我的风格吗？如果我在脑海里能够听到各种不同的声音，这是否表明我拥有不同的写作的声音？（哎呀，这样的话都说了出来……安全吗？）

我这个好像是在旷野里独自行走的专栏作家很高兴地发现，在我之前，很多专栏作家早已在他们各自的荒漠游历过程中获得了答案。

那个声音是你的还是我的?

《波士顿环球报》的编辑L.肯姆•谭说：“声音就是使专栏文章精彩并具有个性的东西。”

每一位作家都关注写作的真实性的问题，那么，是否有一个可以创造出令人难以忘怀的声音的公式呢？没有，就像别人不能把个性给你一样。这不是一个创造的行为，而是一种成长的历练。写作是一门技艺。把你的声音看作是一块宝石粗坯，它有着可以雕琢出耀亮光面的可能。

作为新手，我听别人把那些获奖的作家的声音描述为“独特的”“真实的”，甚至是“勇敢的”。这让我很紧张。就像新妈妈生怕产房里的孩子被弄混了一样，我很担心我的声音是否真的就是我自己的。我是在模仿别人吗？模仿自己崇拜的作家是否合适？

具有丰富经验的专栏作家们提出了建议，让我耳目一新。模仿不是一种个性剽窃形式。追随你深爱的作家亦步亦趋是相当普遍的情况，在写作生涯的起始阶段尤其如此。把他们看作是发展你自己的声音过程中的个案研究——即使他们写的东西和你写的内容毫不相同。

例如，托马斯•弗里德曼的对外政策专栏和我那些怪异的专栏很少有什么关联，但是，他有能力用一种对读者充满敬意的方式把复杂的问题简单化，而我就从他的这种能力中学到了许多。

玛丽•麦卡迪为《代顿每日新闻报》开了一个每周刊出三期的专栏，而且其文章由科克斯新闻服务社撰写辛迪加稿件。她曾经获得过H. L. 门肯奖、科克斯报业年度作家奖、职业记者协会俄亥俄分会颁发的俄亥俄最佳专栏作家奖等。

“我学习写作的方式就是一辈子都做个好学不倦的读书人。我喜欢读那些达到了某个我永远都无法企及的水平的作家写的作品，比如莎士比亚、玛格丽特•艾特伍德或托尼•莫里森。这样的文笔气质高贵，令人自惭形秽。别想着要做世界上最好的作家——最好的作家的地位早已有人担当了。”2006年，在俄亥俄州戴顿市举办的厄马•邦贝克作家研讨会上，麦卡迪这样说道。

写作顾问、新加坡《今天日报》的时事专栏作家吴耀说，别人那些令人难忘的作品可以用作发展自己风格的小型写作指南。

他说：“仿效几个成名专栏作家的作品，分析它们，弄清楚他们是怎样展开其论证过程，怎样有效地使用逸闻趣事、引文和数据的。从那儿，你就能学到写作的技巧，最终发展出你自己独特的声音和风格。”

没有哪一种风格具有至高无上的统治权

在停下来多方比较的过程中，你会很容易被那些非比寻常的作品吓住。暂停下来，深吸一口气。安心用你自己的风格进行写作，把那样的作品仅仅看作是一种促使你走向个性化的原创性写作的激励。

随着时间的流逝，每一种声音都会显示出自己本来的风貌。有些人写出的句子曲曲折折，起起伏伏，满是漩涡；有些人则一语中的。不管是一扫千里的风格，还是充满顿挫的风格，作家的风格都应该抗拒程式化的写作。

麦卡迪说：“语言就像音乐。不要陷入‘语言须简单乏味’的套路。”

为人柔顺，声音激昂

写作中的人格和现实生活中的人格并不总是相符的。那些敢于在纸上展示自己的人往往在现实中很羞怯。能够写出像诗一样的语句的人并非总是了不起的善于交谈的人。社会正义的鼓吹者很可能讨厌交际活动。

必须声明，强烈的个性并不等同于强烈的写作声音。所幸，写作的王国判定，我们中那些即使最柔顺的人也能通过语言和想象拥有强大的力量。

用你关注的话题支撑你的文章：政治？育儿经？健康？音乐？有一个好的载体，写作的声音就会呜呜地高速转动起来。如果没有激情，你那专栏的署名栏就可能是一闪而逝了。

我做自由作家最早的那些日子里，非常渴望做一个幽默专栏作家。然而，《爱国者纪事报》却让我写《逛商店》，一个每周讲述三件礼品的专栏。可以定期让我的名字见报，这让我很兴奋，我想："终于有人出钱让我去逛商店了。"

但是，我的"声音"并不怎么适合这种类型的专栏。用机智趣味来描述种种玻璃盘子和马赛克餐桌，这样下去我能坚持多久呢？这种疲惫的感觉把我累得像莫哈维沙漠里的负重骡子一样，几个月后，我请求换人了。

一个重要的教训是：必须写那些能够激发你兴趣的东西，否则是写不长久的。

同样地，不要仅仅是因为你意识到存在某种读者需求而创设一个专栏。诚然，专业专栏有它的市场，比如说科技专栏，但是，个人的兴趣是至关重要的。否则，读者就能看穿表象。没有什么东西能够比缺少激情的声音更能让专栏快速消沉的了。

声音的主人：进来吧，进来吧

你记得《毛绒兔》吗？那是个儿童故事，说有个玩具毛绒兔想要获得生命。也许在我们每个人身上也都有一只已经磨损的小动物，它想要知道，我们的声音什么时候会"活过来"。各种类型的专栏作家们是如何分辨出他们真实的声音和内在的装腔作势的呢？

对我来说，真实性来自一种生理上的感觉。在草写幽默专栏文章的时候，我的内在的声音会极其愉悦地向前探出身来，抛出一堆讥讽的话语来。砰的一声，它就荡漾开来，漾出一圈圈越来越大的喜剧性的涟漪，我一边笑一边写，倾听着脑海里那个噼里啪啦地讲着故事的声音。我的五脏六腑里就有一种生理上的感动。

获奖专栏作家特蕾西•欧莎尼西为康涅狄格州的《共和党美国人报》写一个生活时尚方面的专栏。

欧莎尼西说："我想，在我们每个人心里都有一个声音，它以不间断的独白的形式对生活做出回应。那就是我们写作的时候在脑海里听到的那个声音。这不一定是你平时说话的时候使用的那个声音；事实上，这两个声音总是大不一样的，但是，那是我们思考的时候听到的声音，是和我们一样独一无二的。"

相反，对独立辛迪加供稿人、幽默作家凯伦•莱茵哈特来说，她的内心的声音和说出来的声音是一样的。她的专栏《车站妈咪》在北卡罗来纳州的《独立论坛报》和其他一些报纸上刊出。

"有人告诉我说，我的文笔就如同我说话的方式一样。这对我是一种恭维，因为对于那些很容易就从口中溜出来的口误，我不能做拼写检查，不能退格或删除。会话风格对很多人来说读起来好懂或感觉舒适。"她说。

《波士顿环球报》的埃伦•古德曼认为，呈现其内在声音的窍门在于大声说出来。

古德曼说："我写作的声音和说话的声音绝对是一样的。事实上我在写作的时候嘴唇在动。这听起来或许就像是四年级学生在写作，可事实就是这样。我喜欢听到我正在书写的词语。很多人都在谈论寻找某个声音，就好像声音是在南瓜地里或者是在别人的作品里一样。我认为这就是把你自己的声音说出来。"

罗恩•杰克逊是伊利诺伊州的《坎卡基日报》专栏作家。他说，安静的场所易于让声音呈现出来。

杰克逊说："我的办法是，写作之前把眼睛闭上。这让我产生一种幻觉，似乎没有人在旁边听得到我在想的内容。这样我脑子里怎么想就怎么说，把说出的话写下来。当人们在公共场合遇到你的时候，这就有用了。他们知道你，因为你说话的用词方式和风格与你写作的方式完全一样。"

按照里克•爱普斯坦的说法，有时候，声音是自我的一个理想化版本。爱普斯坦是新泽西州《亨特敦县民主党人报》的编辑，也是一个资深家庭专栏作家，著述甚丰。

爱普斯坦说："我的声音应该就是某个'完善版的里克'，而且这个完美的观念是真实的，真是我自己的，因为不是每个人都认可相同的品质或拥有同样的榜样。饰演大卫•克罗克特的费斯•帕克、吉米•斯图亚特、我那当教授的老爸以及扮演007的肖恩•康纳利[1]，他们身上都有些我欣赏的地方，我的声音就是从中获益的。”

练习与写作

要经常写作才能确立自己的声音，因此，写、写、写，更多地写！这一条建议是不是令你感到失望？难道你不希望有一个更简便的办法吗？不幸的是，“追寻声音”之旅并不能通过对大脑吹一口魔气就能“唰”地达到完善境地。相反，它发生在另一端——你得把你的屁股牢牢地粘在椅子上才行。

做一个时间表，严格按照时间表行事，把你一天中最具有创造力的时刻花在电脑屏幕前。一种经常性的习惯可以强化你的声音，这样每天的成果就可以成长为可以让人接受的作品了。

职业专栏作家中没有谁会等着写作的冲动降临。和训练小孩坐便盆一样，用“该来的总会来的”这样的态度是不能成功的。设定一个写作的时间，到时候就坐下来打字。回应别人的文章，分享你的成果。

辛迪加专栏作家大卫•查特兰德说：“不管什么事情——不管是音乐、绘画还是篮球——你做多了，自然就形成自己的风格了。”

你的声音想要歌唱

要是想到被束缚在电脑屏幕前嘀嘀嗒嗒地敲打键盘时就感到萎靡不振，那么，振作起来。专栏作家们也有一些好玩的办法哄着自己的声音跳到页面上来的。

例如，你是否想过要把你写作的声音和某个音乐关联起来？这一想法来自罗伊•彼特•克拉克博士，他是波因特学院的副校长、高级学者，也是个钢琴演奏家。

“如果给你们的专栏配一段导入音乐，那会是什么样的呢？”2004年，在新奥尔良，克拉克问全国报纸专栏作家协会的专栏作家们。

克拉克弹奏了各种各样的钢琴节奏来表明，同音乐一样，写作也可以激发某

[1]费斯·帕克（1924—2010）是美国著名影视演员，以在迪斯尼的电视系列短剧中扮演大卫·克罗克特而著名。大卫·克罗克特（1876—1836），美国历史上的民间英雄、边疆开拓者、战士、政治家。吉米·斯图亚特（1908—1997）是美国著名影视与舞台剧明星、空军准将。肖恩·康纳利是扮演第一代007的演员。

种情绪。他的意思不是说专栏作家们应该把专栏写成歌词，而是说，他们可以通过使用词语和句子创造一种个性化的写作风格。

你是写短句呢，还是写一种恣意汪洋的散文？

你的写作声音里，旋律起什么作用？

它是闲适的？怀旧的？还是好论战的？

克拉克弹奏了一段由各种旋律混合起来的段子，来唤起种种不同的情绪。

你的写作传达出什么感情呢？

从读者那里，你激发出什么样的情绪呢？

要是你的专栏可以和一段曲子相匹配，哪首歌可以代表你的风格呢？

听众席上的专栏作家们大叫着说："当然是《第四大街》！""《一生就这一次》！""《伦敦狼人》！"（也有人喊"《母狗回归》！"，这倒是坦诚。）

每次我写专栏的时候，那种感觉像是爱塔•詹姆斯唱的《终于》。可是，要是想绝对诚实点的话，那么，我想，恐怕在我写作感觉最糟糕的时候，写出的是《好吃，好吃，真好吃》《我的肚子里有着爱》。

朗读你写的作品

要用你的声音来微调你写作的声音。词语的流动就像音乐一样，最好由听觉来评判。大声地朗读你的作品。选词不当、重复累赘、语句蹩脚，耳朵很快就能清楚地感受到。同样地，在朗诵的时候，语言的抑扬顿挫和旋律也会鲜活起来。

艾特•布赫瓦尔德说："我不是朗读，我是吟咏出来。我想让我的专栏文章有节奏感，而词语就是节奏。"

皮特•汉米尔是个获奖专栏作家、记者、作家。2005年在得克萨斯州的全国报纸专栏作家协会年会上，他分享了自己写作时用到的一点爵士乐演奏的技巧。

年轻时做记者的时候，他读到过一篇对鼓手基恩•克鲁帕的采访文章。文章里，记者问克鲁帕是如何为乐队打拍子的，这个音乐家分享了自己的秘密心得：

"洋葱味油炸土豆加一些猪肉块。"

克鲁帕在演奏的时候会不断地在心里重复这句话。

汉米尔把这与写作联系起来。要把文章写活，就需要有节奏，需要计算好时间，还要有活泼的节拍。

汉米尔说：“即使不过是‘车祸中一人丧生两人受伤’这样的句子。”

下面的几页里，是两个专栏作家用不同声音就同一个话题所写的文章。

感恩节的公开信

乔治·沃特斯

下面是一封致美国总统的公开信。

亲爱的总统先生：

我名叫汤姆，是一只火鸡。

或许你想知道我怎么学会打字的。你想哪，当全体美国人中有97%的人都打算在星期四那天吃你的时候，那可是强大的动力。

我写此信是因为我想请求你给予我一年一度的火鸡大吃——大赤——不好意思，是大赦（光有指头没有相对的大拇指，打字很费劲）。每年你都在白宫宽宏大量地赦免一只火鸡，我想每次你都是这样说的吧：“原谅这只火鸡吧。”

哈哈，这真好笑，先生，要去原谅一只什么过错都没有却要面临死亡的火鸡，这当然实在好笑。哈哈，总统先生，这真是好笑。

等一下，我顶上的肉垂挡住我的眼睛了。

好的，严肃点。总统先生，本周，我的几百万个朋友将会为你称之为“感恩节”的“庆典”而牺牲。先生，请原谅我的胆大，可是，我们火鸡对这一天有另一个称呼，我们叫它“黑色星期四”。总统先生，最近你坚定了你反对暴虐的立场，可是对于屠杀家禽的行为，你显然没有丝毫的不安。这其中不是有点自相矛盾吗？

当然，人们说火鸡很笨，不聪明。他们想着：“哦，它们又胖又蠢，让我们把它们吃掉吧。”

伪君子。

你见过他们吃国会议员吗？没有吧？

此外，对于感恩节菜谱上的替代食品，人们鼠目寸光，简直难以置信。走进一个酒吧，你对他们说一些代替火鸡的食品，比如说“豆腐火鸡”（美味的火鸡风味的豆腐）或者“素火鸡”（火鸡形状的面筋，好吃啊），结果每个人都嘲笑你！请相信我，我试过的。

有人把你叫作“胖子”吗，总统先生？这话很伤人的啊。

听呐，把今年的大赦赐给我吧，那你就真是为某个饥肠辘辘的家庭做了件好事了。请相信我，我的肉很难嚼得动，而且都是筋。

我有很多年的烟龄了。

我能一口气在两分钟内吞下一袋猪肉肉末，我一周喝下的“野火鸡”牌威士忌比野火鸡们一年里喝下去的还要多。

我的肝脏是有毛病的。

相信我，你一定不愿见到我的内脏杂碎。

我可不是什么吃谷物长大的走地火鸡。我从来都经不起奶酪汉堡的诱惑。

如果说有哪个家伙比甘薯更不适合盛装在盘子上的话，那就是俺——那就是我了（对不起，我是向一只鸡学会说人话的）。

总统先生，我想请你发挥你的爱国主义情操。当年本杰明•富兰克林想把火鸡当作美国的国鸟，现在这样做也不迟啊。你可以推动这个提议在国会获得通过的！民主党不可能抵制这个提议的。他们要是胆敢阻碍这个法案获得通过，善待动物组织的人会立马扑向他们，比被拯救出来、饥肠辘辘的灰狗扑向猪骨头的速度还要快。

或者，你看这样行不行——你赦免我，我就替你干活，帮你削弱民主党的势力？你想象一下这样的图景：在选举前夜，我们火鸡全体出动，让他们全都带上沙门氏菌。这可能会有效！我们可以把这叫作“T计划”。不管怎么说，你考虑一下这个建议，和卡尔谈一下。

总统先生，在星期四那天，美国人将会吃掉6.75亿磅火鸡，嗯，火鸡（这个数字让我有点头昏眼花了）。我请求你的帮助，只不过是让这个数字减少20磅而已。

请了，先生！如果我能够够得着我的许愿骨的话，此时此刻我一定迫不及待地猛抓住它了。请帮我这个忙，我将会很温驯地在弗吉尼亚州的农场——那是被赦免的火鸡们的去处——度过余生，让孩子们拿我当宠物。

我的尾巴现在就放在你的手心由你处决了，先生。如果你决定不赦免我的话，那么，就把那种小小的塑料做的弹出式温度计插到我的体内吧——我可就已经完了。

你的真诚的

汤姆

一只民有、民治，但希望不被民享的火鸡

【经许可使用】

与此同时：各有所爱的感恩节

艾特·布赫瓦尔德

火鸡饲养者协会已经认可了本消息。

我们最重要的节假日之一是感恩节，在法国，这个节日名叫le Jour de Merci Donnant。

Le Jour de Merci Donnant最早是由一群逃离英国的清教徒（Pèlerins）庆祝的。这些清教徒在麦克伦安全法案实施前来到新大陆（le Nouveau Monde）建立殖民地，在这里他们可以射杀印第安人（les Peaus-Rouges），并可以尽情地享用火鸡（dinde）大餐。

1620年，他们乘坐一艘名叫五月花号（Fleur de Mai）的木制帆船，来到一个名叫普利茅斯（如今这是一个闻名的美国汽车品牌）的地方登陆上岸。但是，就在清教徒猎杀火鸡的同时，印第安人也在屠杀清教徒，而且等在他们两者前面的是好几个严酷的寒冬。印第安人对清教徒唯一的帮助是他们教会了清教徒们种植玉米。他们这样做的原因是，他们喜欢清教徒种植的玉米。

1623年，在经历了又一个艰难的年份后，清教徒们的庄稼获得丰收。收成是如此之好，以至于他们决定举行一个庆典以表示感谢，因为与被印第安人杀死的清教徒相比，他们收获的玉米要多得多。

每年感恩节这天，爸爸妈妈都会向孩子们讲述第一个庆典上发生的趣事。

这个故事说的是一个勇敢的上尉和一个年轻而害羞的中尉。上尉名叫迈尔斯·斯坦迪什（在法国，他的名字叫Kilometres Deboutish），中尉名叫吉恩·奥尔登，两人都爱上了名叫普里西拉·穆楞斯的普利茅斯之花。年长的上尉对年轻的中尉说：

“到普利茅斯最可爱的少女——美丽的普里西拉那里去，跟她说，有个率直的老上尉，一个不善吹牛却言出必行的人，向她表达最衷心的爱意，一个战士的爱意，并向她求婚。你知道的，你不一定就这样说，但简而言之，这就是我的意思。

“我天生就是个战士，但不擅长语言表达。你有学问，可以用优雅的语言说这番话，就用你在书里读到的那些求爱的语言，就用你认为最能赢得她的芳心的语言，来帮我表达我的爱意。”

尽管吉恩心里难受之极，可是和爱情相比，友谊还是占了上风，于是他就去执行任务。但是，他没有使用优雅的语言，而是结结巴巴地说出了自己的使命。普里西拉既惊讶又伤心，只好沉默不语。

最后她打破了令人窒息的沉默，大声说道：“如果这位普利茅斯伟大的上尉这么急于要娶我的话，他为什么不自己亲自来向我求婚呢？”

吉恩说斯坦迪什上尉太忙了，没有时间处理这样的事情。他硬着头皮，接着说，斯坦迪什上尉会是个多么好的丈夫。最后，普里西拉皱皱眉，用发颤的声音问：“你为什么不为自己说话呢，吉恩？”（Chacun à son goût.）

就这样，在11月的第四个星期四，美国家庭都围绕着摆满了美味佳肴的大餐桌，一年中唯一一次吃得比法国人都要好。

没有人能够否认，le Jour de Merci Donnant（感恩节）是一个盛宴。不管美国家庭如今吃得多么丰盛，他们都不会忘记向Kilometres Deboutish表达谢意，是他使得这个伟大的节日成为可能。

【经艾特·布赫瓦尔德产权所有人同意使用】

开 头

没有好的开头，就不会有好的结局。
——欧里庇得斯（希腊悲剧大师）

专栏要与邻近的报刊大标题、新闻报道、图片甚至是富有创意的广告等争夺读者的注意力。专栏作家用强劲有力的开头来使读者在扫读报纸的途中停下来。

“等等，这个专栏在说什么呢？”

因此，首段话应该穿上貂皮大衣，戴上毛式帽子。它是有趣的对话的催化剂。标新立异，咄咄逼人，与众不同。突然地，读者就想了解更多的信息。

在对首段内容进行精雕细琢之前，先要考虑你整篇文章的整体信息，因为文章最初的4到6行很关键。开头的几行字应该导入你的话题，让人了解你将要写什么东西，并使读者关注下文。

因此，知道你打算说什么内容是有益处的。

《波士顿环球报》的获奖专栏作家德里克·杰克逊提出了如下建议。

在2006年波士顿举行的全国报纸专栏作家协会年会上，他说：“不加句点地用一句话把你的文章要点写下来。如果你还不能用一句话把你的内容说清楚，那么你就还没有为写作做好准备。”

专栏文章平均500多个词到700多个词，是一种高度浓缩的写作形式，它应该很快就和盘托出所有信息。与此相对的是，长篇小说可以用1到3章的篇幅介绍故事或人物；剧本写作时，主要人物和剧情可在前10页里揭示出来。专栏文章不同，它的首段必须能像大炮一样把整个故事发射出来。

环球新闻辛迪加集团的专栏作家大卫•查特兰德建议，作者应该迅速有力地出击。

“迅速——要说一些实在的内容！要在读者厌倦之前直击要害。要是让读者花很长时间——比如说要五六秒钟——才能推断出你评论的话题是什么，那么，他们就会厌倦了。

“怎样做到这一点——使用统计数据，引用别人的话、对话，颠倒字母顺序——并不重要，重要的是要做到这一点。”查特兰德说。查特兰德在2002年获得了全国报纸专栏作家协会的头奖。

2005年，新闻界伟大的故事讲述者之一皮特•汉米尔在得克萨斯州获得了全国报纸专栏作家协会颁发的“厄尼•派尔终身成就奖”。就在那个会议上，汉米尔建议，专栏作家们在创作开场的情景时可以向电影学习。

要像电影一样写作。把首段话看作是电影的第一个画面，摄影机的远景镜头和特写镜头让气氛和人物变得鲜活。只不过，在写专栏文章时，你不是用摄影机工作，而是用词语来讲述故事。

远在电影出现以前，像查尔斯•狄更斯这样的作家就在写作具有画面感的开场了。查查那些文学名著，看看不同的作者是怎样用句子结构和语言来引导读者的。汉米尔最喜欢的作家包括弗兰克•奥康纳、安东•契诃夫、欧文•肖、厄内斯特•海明威等。他把伟大小说的写作技巧用于自己的专栏写作中，目的是：

- 让人物登台。
- 展示某个人物。
- 呈现出故事中进退两难的局面。

下面是汉米尔开场段落的经典例子：

上周，缓慢而冗长的司法程序让本哈德•雨果•高斯来到了中央大街111

号5楼的审判厅，至少在这里，这个可怜的人是安全的。而在那可怕的大城市里，他想象中的恶魔在自由地游荡；在街道对面，很多恶魔就锁在坟墓的笼子里。但是，在这里，站在被告席上，两边是律师，还有6名全副武装的法庭执行员守护着，而且金属探测仪把这间屋子本身和城里的那些无政府主义者分隔开来了，所以，看上去，高斯几乎是很安详的。

皮特•汉米尔：《乡村声音》，1987年5月12日。摘自其文集《计件工作》

每个作者打造开头的方法都不相同。它可以是窃窃私语，也可以是大声的呐喊。也许是用一个赚人眼球的场景开头，也许是用令人震惊的统计数据开头。开头的语气可以很庄重，也可以很活泼。没有一定之规，即使有，很多专栏作家也成功地突破了这些规矩。

获奖专栏作家有个共同的地方，就是致力于激发读者的情绪。下面举一些开头段落的例子，用以表明作者是如何使用不同的情绪来吸引并一直保持读者的注意力的。

愤慨

据报道，布什总统对中国人使用这么多石油感到很恼火。作为世界增长速度最快的经济体，中国的石油消费已经急剧上升到每天至少650万桶，而且它的汽车市场还在成长。如果继续这种态势，中国人最终可能会接近美国的石油消耗水平——美国每天大约烧掉2000万桶石油。中国人自以为是谁呢——难道以为他们是美国人不成？

辛西娅•塔克：《亚特兰大宪法报》，2006年4月23日

好奇

我不想大惊小怪的，可是迹象很明显，没法忽视了。如今我们是在与一种比任何禽流感病菌都毒性更大的传染病作战。我说的是常识和谦逊品德的死亡。你或许以为我说的是汤姆•克鲁斯，他声称要吃掉妻子的胎盘，但是，与最近从英格尔伍德传来的消息相比，这就太小儿科了。

史蒂文•洛佩兹：《洛杉矶时报》，2005年4月19日

归属感

我和托比•基斯大体上同龄，我们都感受到了青春已逝的后果。我体重超标，膝关节和80多岁的人一样老化。可是，在我内心深处，我还自认为可以灌篮，可以在5分钟里跑完1英里。

多恩•麦克内：《北爱尔兰流浪者协会新闻服务社》，2006年7月6日

挑衅

卡特里娜飓风导致灾情严重，布什总统前去视察。他和新奥尔良市市长雷•纳根去贝西煎饼屋吃早餐。在布什总统试图侧身挤过排列得有些紧凑的餐桌时，煎饼屋的服务员乔伊斯·拉布鲁佐打趣他，说：“总统先生，您这样背对我，是瞧不起我吗？”

毛琳•多德：《纽约时报新闻服务社》，2006年8月30日

幽默

先是黑的、金的，现在是红的、粉的。我的双眼如此渴望多样的色彩，以至于一见到彩虹，那种震撼就会让我视网膜脱落。每年的这个时候都有人要我帮那些迷惘的小伙子拿主意，该给他们生命中的那些特殊的女人买点什么。我总是建议他们买房子，可是，房子泡沫又有多浪漫呢？

萨曼莎•本内特：《匹兹堡邮政公报》

不舒服

最近我在曼哈顿一个报摊浏览的时候，突然发现了一种名叫《重罪罪犯》的杂志。这一期的主题是“别再小偷小摸”，里面写给编辑的第一封信是这样开头的：“哟，《重罪罪犯》咋样了。”另有一封信是来自“你的黑鬼约翰-杰”，他很好心地写着：“致我的母狗们，我爱你们各位。”

鲍勃•赫伯特：《纽约时报新闻服务社》

震惊

莉迪亚•卡拉•罗根思在2001年的经历令人毛骨悚然。警察从她从小在此长大的赫斯特家的前门破门而入，发现她的哥哥约瑟夫·F.卡拉二世正赤身裸体地站在他们的母亲莉迪亚•卡拉的尸体边。“他正在吃她的心脏。”警察说。

戴夫•利伯：《沃斯港明星电讯报》，2006年6月11日

尽管千差万别，但每个导语都点明了文章的中心主题和发展方向，每个开头都强迫人们做出某种情绪上的反应，促使读者去了解更多的内容。

相对的是，要注意那些完全不能给读者带来新信息的没有能量的开头。写作导师、专栏作家吉姆·斯塔肖夫斯基为美国新闻学院培训记者，他提供了一个不知要走向何处的开头句的例子：

罗杰·奥尔森坐在椅子上，往后斜靠着；他点上一支烟，向外看着这个城市。

这样的词语占用了宝贵的文章篇幅，可是却什么信息也没有提供。这样的句子没有趣味。按照斯塔肖夫斯基的说法，单词应该是用来阐明思想的，而不是用来装饰的。

此外，要注意乏味的开头段。下面这样的开头把听众拒之门外：

今天我们要讲的是全球恐怖主义的问题。但是，在讲这个问题之前，先让我说说……

那样你就听到打鼾声了。

如果写引人入胜的导语是你的强项，那么请你往前走下去。

可是别走得这么快，伙计。

要与自满做斗争。斯塔肖夫斯基说，专栏作家可能会太习惯于自己的写作风格，因而陷入某个可以预期的模式。

把一切打乱了重来，试一试新的东西。习惯是一种错误。做出改变，你会使

你的读者吃惊，也会给你的作品带来更多的深度。例如，偶尔采用某种不同的写作风格。

斯塔肖夫斯基典型的风格就是：他的导语部分强劲有力。他回忆起那个晚上，有位年轻女郎被害，从而导致他改变了写作套路。当时他是温哥华、华盛顿等地的《哥伦比亚人》的专栏作家和记者，犯罪行为发生的第二天，他要就此做一个深度报道。在和受害人已经离异的父母交谈过后，他发现自己原来的那种“打飞你的好友”之类的游戏风格的开头不适合用在这个报道上了。他决定模仿约翰·布兰顿的风格。约翰·布兰顿也是《哥伦比亚人》的作家，斯塔肖夫斯基说他是“一流的警务记者”。

于是就有了这样一个开头：

对万达·特纳（根据作者的要求，此处用了化名）来说，诸事不顺。

“这个句子完全描述了故事的中心冲突。她是个阳光的、充满热情和爱心的年轻女士，尽管尽心尽力，结果无论是找工作还是选男人，她却都做出了不好的选择。一天早晨，她的前未婚夫在她住的公寓里把她捅死了。”斯塔肖夫斯基解释说。

这个报道见报后，编辑称赞斯塔肖夫斯基那别具一格的导语，鼓励他更多地尝试使用这样的风格。

不要拘泥于某一种风格——不管该风格对你来说是多么好用。让你开头的文字穿上貂皮大衣，戴上毛式帽子。惊奇的读者们就会让这样的装扮为你说话。

讲述故事

先生，你就干净利索地直走到事件的核心。用最纯净的智慧，在信仰和艺术之间保持平衡，你就能够用一种充满好奇和紧张的优雅揭露出生命的真谛，并把你的手指放在它跳动的心脏上。

——詹姆斯•克卡普（英国诗人）

导语写得不错，令人印象深刻。那么，下一步是什么？读者想了解更多的内容，可是，很多专栏文章在精心打造了开头以后，很快就变得一塌糊涂。

“问题往往是，没有中间也没有结尾。就像是一个人整个晚上都在熬夜思考一个漂亮的开头，然后就停了下来。没有后续的内容，没有过渡，没有中心。”查特兰德说。

用大约600个词语展示故事、完结故事是一个巨大的挑战。同样地，特殊主题的专栏文章各自需要独特的处理方式。用一个方案应对所有情形，这行不通。并不是把所有数据堆到文章顶端，或者特别突出一些引文就成的。总括性的句子或者直截了当的叙述也同样可以获得成功。

仅仅有一个很好的主题不足以支撑一篇文章。丑闻和名人能够吸引人的眼球，但是令人回味的专栏也可以描写琐碎而平凡的事务。例如，《今日美国》的专栏作家克雷格•威尔逊就写过他妈妈在感恩节做的肉汁，他的叙述很长时间里都在我的脑海里熠熠生光。话题不能令故事了不起，而对故事的讲述方式则可以。

例如，很多关于度假的专栏都是可以预见其内容的。在寻找新的叙述视角时，我写了一篇关于某个感恩节经历的文章。那时候，我和我丈夫新搬了家，两位男同性恋者照顾我们，他们把《美食家》杂志登载的整个菜单上的菜都做了一遍。对他们来说，三天里为四个人做饭菜，这是个快乐的心甘情愿的差事。令我欣慰的是，读者给我写来邮件，说这篇文章“别有韵味”。

目的在于使读者喜欢你的文章，如果文笔有趣又容易理解，读者是会喜欢的。专栏写作就像建造房屋，蓝图可以各不相同，但是地基必须结实，其设计思路必须合情合理。随着时间的流逝，在运用恰当的工具如焦点、组织、想象以及流畅的过渡等等之后，优秀的写作就成型了。

焦点

简而言之，“焦点”就是专栏作家想要表达的中心思想，也就是文章的主旨。

密苏里州《堪萨斯城星报》的比尔·塔缪斯说：“焦点就意味着找到一种迷人的方式吸引读者阅读你的文章，并使读者想要留下来弄清楚后面发生的事情。”

请记住，引导段已经通过引人入胜的事实、突如其来的笑声或某个奇异场景的描写把读者吸引了过来。现在，读者满心好奇。但是，要留意，有时候一个主题可以向不同的方向发散，而每个方向都会很有趣。

所以，要紧扣焦点。

“哦，得了吧，”你或许会说，“就600个词，我怎么可能迷失方向呢？”

嗯，这是有可能发生的，尤其是在这个话题能够提供通向“离题小镇”或“偏题小城”的诱人旅程时。这正是用一句话来描述你的文章的最佳时机。

中心冲突

写作漫无目的的一个常见的例子是，作者分享了一些有趣的事实或其观察到的现象，却未能讲述一个故事。

根据斯塔肖夫斯基的说法，中心冲突是专栏文章的总主题。小冲突是构建故事主要焦点的砖石。然而，让读者转到支撑性的细节上有可能模糊核心故事，或者会冲淡文章真正的主旨。

我曾写了篇专栏文章描述自己和名人之间令人尴尬的小摩擦，该文就犯了这样的错误。

与名人面对面时的怯懦

苏载特•马丁内兹•斯坦德灵

本文是一篇供认状。和名人寥寥可数的几次相遇使我变得怯懦。我完全被明星的气质所迷倒，因而张口结舌，试图向前一步的一切努力最终都哽塞在喉咙里。就以我和大卫•巴里的那次短暂的见面为例吧。

去年3月我参加了厄马•邦贝克作家研讨会。巴里在会上做了一个妙趣横生的主题演讲，晚上在酒店的酒吧里和朋友一起喝啤酒。我坐在离他很远的一张台子上，远远地凝望着大明星。这时我从他嘴唇的动作中读他说的话。

他对朋友说："我要去趟洗手间。"

哦，他可要走过我的座位！那可是我和他搭讪的好机会。

对于不知道高速公路抢劫是怎么一回事的人，或者不知道被歹徒劫持是什么滋味的人，"抢劫"这个词的意思是"搭讪、拦截……"，这正是我想对这个世上最了不起的幽默大师说的话。事实上，我想，我会用这个精心挑选的词语让他对我刮目相看。

所以，当巴里越来越走近我的时候，我从椅子上向前探探身，微笑着对他说："嗨，大卫，我可以'抢劫'你几分钟吗？"

他的脸上露出厌恶的表情。

"你想对我怎么样？"他问。

酒吧里很吵，过了一小会儿我才意识到，他没有听清"抢劫"这个词——他一定是听成"强奸"了。

在灯光昏暗的酒吧里，我的脸色刹那间变得绯红。我的嘴巴一张一合，却因为脑子里发蒙而发不出任何声音来。

与此同时，和我同桌的那十来个人都急急地抓住机会，噼里啪啦、七嘴八舌地向巴里提问或发表高见。我被挤在圈子外面，气急败坏地直跺脚，喊叫着为自己辩护。

"劫！劫！我说的是'抢劫'！"

可是太晚了，他听不到我的话。我只不过是个喋喋不休、前言不搭后语地说着些莫名其妙话语的疯婆子而已。

在我的经历中还有另一起与名人相遇时的灾难。要知道，对我来说，这样的事情是其来有自的。

三年前，我做一个资金筹集会的志愿者，大卫·哈尔博斯坦姆是该活动的主题发言人。筹划委员会安排我做他的司机。

他写过15本畅销书，每一本都深受粉丝们欢迎，被视作圣品。哈尔博斯坦姆是位获得过普利策奖的记者、历史学家。相比较而言，我想，冥王星之所以与太阳之间要隔着八颗星球是因为它体积太小，这是一种体积歧视——所以我试图请求他们不要安排我去开车接他。

可是筹委会不可理喻地认为我和哈尔博斯坦姆有些共同之处。

“你也是个作家啊。”主席说。

“我算什么作家呢！万一我和他遇到交通堵塞怎么办？我可没办法长时间地装得好像很有才华似的。”我抗议说。

他们挥挥手让我去了火车站。哈尔博斯坦姆到了之后，我发现他非常高大。

他挤进我的汽车里，我开玩笑说：“你知道的，开一辆绿色的本田思域汽车来接待客人，这多半是个社区举办的活动才这样。”

后来，在开车送他回他住的酒店时，最糟糕的是遇到了瓢泼大雨，而雨刮器还坏了。

一路上，他开口说的唯一一句话是：“你该换一副雨刮器的。现在这样，你的视线损失了36%。”

尽管他那苍白的指关节一直都在顶着汽车的仪表盘，可他这样保持沉默，我把它当作是一种镇静。或许在那个诺亚方舟之夜[1]，他是因为恐惧才说不出话的。他当然有充分的理由感到害怕了，因为我三次错过了高速公路的出口。

（那时候或许我满脑子里想的都是他那“视线损失36%”的话——他怎么知

[1]诺亚方舟的故事来自《圣经·创世纪》。上帝为惩罚人类的罪恶，连降大雨40昼夜，以荡尽世上一切活物。当时世上只有诺亚是个义人，上帝命他在大雨来临前制造大方舟，要他带家人以及世上各种飞禽、走兽、爬虫，每样各带雌雄一只，一道登舟避难。此处“诺亚方舟之夜”极言雨下得大，下得急。

道视线恰好损失了36%呢？）

和名人见面时就会失态，这样的情形可以追溯到我19岁的时候。可悲哀的是，如今我都52岁了，它还是我的一个魔咒。

虽然这篇专栏登出来后，读者的反应还不错，但这篇专栏文章并没有达到它该有的高度。按照我的朋友、《沃斯港明星电讯报》长期的专栏作家戴夫·利伯的说法，在这篇文章中我和读者分享了我那种尴尬的瞬间，但是却没有能够给读者留下某个有意义的内涵。

他给我提了一些建议，总结如下：

> 你本该在写完大卫·巴里的故事后就停住的，那是你最精彩的故事。这个故事很有趣，它自己就立得起来。
>
> 额外的故事把这个故事的力量削弱了，还占了篇幅。这样你就没有空间告诉读者，你从“抢劫”这个案例中得到了什么经验教训。
>
> 因为没有一个中心主旨，这篇专栏文章就没能飞起来。要是你没有从你自身的经历中得到某种可以和读者分享的经验教训——富有意味的，充满感情的，温暖的，以及有趣的经验都行——那么，你就不该写这样的经历。

这些是他从当初在《费城询问者报》任职时学到的宝贵经验。承蒙他的好意，把这些经验告诉了我，而现在，我又把这些经验传给了你们。

谨记目的

“写一个标题以对全文做简要的总结。”劳拉·普尔弗说。普尔弗原是《辛辛那提询问者报》的专栏作家，1999年跻身由职业记者协会设立的辛辛那提新闻业名人堂。2006年，在厄马·邦贝克作家研讨会上，普尔弗建议在起草专栏文章时要思考以下问题：

- 这篇专栏文章的目的是什么？
- 你希望读者有怎样的感受？
- 你希望读者最能记住的地方是什么？

专栏的标题起着提醒的功能，随时提醒作者不要离题，因此可以与剧本写作中的“情节提要”相媲美。在DVD包装盒上，情节提要包含了对影片的概括性的描述，就像下面这个例子：

《生活多美好》：没有人生来就是个失败者。有朋友的人绝不贫穷。

情节提要被用来向制片人推销某部可能要拍摄的电影，因此，不管情节多么复杂，剧作家都得想出一个简要的故事梗概。

相似地，在专栏写作中，总结性的标题可以让专栏作家在驾车穿越初稿的过程中，总能走在中间的车道上。否则，可能的危险在于，当迂回地走过整页之后，读者会大声地问：“喂，伙计，你这是在往哪里走啊？”

作为专栏作家的新手时，我曾经写过一篇关于文身的文章。后来我清楚地认识到，我写文章的时候并不清楚，我是要写关于如何走进这个以带刺铁丝做的手镯为标志的行业领域吗？是写从年轻人的眼睛来看文身的象征意义吗？还是写早先文身的人后来后悔文身了？

当编辑问我的时候，我自己都没能回答。这就是让我认识到焦点的重要性的入门一课。要是我像下面这样先写出一句总结性的标题，我写初稿的时候会快得多：“看到女儿在两个肩胛骨之间文了一只蝎子，我感到震惊。”

组织

把你写的内容组织起来，以便可以用一种合乎逻辑的次序回答读者脑中出现的问题。读者要求你平稳驾驶，从这一点转到另一点的时候要轻松自如。你不能让他们感觉好像是撞上大石块（“这部分内容是怎么来的？”），你不能让他们感觉像是被拥堵在了交通繁忙的路上（“他现在说到谁了？”），也不能让他们感觉好像是失控了（“这是要去哪里？”）。

在新闻业，作家试图回答下面的每一个问题：

谁——主要人物的身份

什么——事件、经历或问题

何时——日期、时间或先后顺序

何地——地点

如何——起因、过程或者有关的说明

何故——动机、原因、结论

如果回答完了上面这些问题，故事就讲清楚了。

记住，导语部分介绍一个观点或一个故事。从这儿开始，每一个段落都应该构建在这篇文章的前提之上。

让每一个词都发挥作用

强有力的故事讲述使用精确的描述。对于写下的每一行字，都要问问自己："这句话对于强化文章的焦点起了什么作用？"悬疑小说和专栏文章在这一点上有共性：很多词语都携带着指向最终结论的线索。故事的讲述中要有一种强烈的观察感。

读者渴望能读到鲜活的人物或事件。作者第一手的现场观察能够提供一种独特的视角，可以刻画出人物的癖好、手势和习惯。

下面两个写作的例子来自麦卡迪，都刊登在《代顿每日新闻报》上。它们表明，对细节的陈述不必过多，但却能揭示出深刻的内涵。

> 艾米丽•戈尔德曼从来没有见过桃丽丝·斯坦修女。在大卫•斯坦的记忆里，他生活中的每一天都能感受到姐姐的存在——她是一个性情温和但意志坚定的人，去年在亚马逊的雨林里被人枪杀了。这位代顿出生的73岁的修女临死前为袭击她的人念诵《马太福音》中的《八福词》。

> 这位喜欢交际的小孩用手写的标语欢迎他们的到来——标语就涂写在她那被洪水摧毁的家的石膏板墙面上："欢迎朋友们！"更令人感觉心酸的一幕出现在志愿者们安装好了新橱柜后的第二天早上，该组组长、来自英格尔伍德的苏•科克斯发现，这些橱柜里面整齐地铺上了床单，这令她很困惑。很快娜塔莉就解释了她的谜团。"昨晚我就睡在那里，"小姑娘说，"那里很黑，可是我感觉很安全。"

所有的描述都必须服务于目的。要避免那些与你的专栏文章的蓝图不相干的细节。

在2006年的厄马•邦贝克作家研讨会上，麦卡迪对作家们说：“不用告诉别人说汽车的颜色是消防车的那种红色，除非这有助于我们理解角色。”

在每个段落里都撒上一点有趣的细节，这些细节会鼓励读者留下来。

“功能决定形式。时不时地埋下一些糖块，吸引读者步步深入地读下去。”普尔弗说。

不要把读者拒之门外

至关重要的一点是：要好懂。不要以为每个人都知道某个流行话题的背景。最好是假设读者不熟悉相关的话题，不熟悉涉及的人员，也不熟悉某件事情背后的情形。

在写作流行事件或对某个进展中的事件写后续专栏时，作者应该体谅那些不管出于何种理由而对该事件一无所知的读者。要是读者感到自己被排除在所读到的语言或提到的信息之外，专栏作家就会失去一个潜在的听众了。

让读者获知最新的资讯并不需要冗长的介绍，对于那些被广泛报道的事件来说更是如此。反之，可以提供一行解释性的话语或一句简短的帮助回忆的说明以帮助迷路者定位。此外也可以通过上下文来澄清背景内容，因此，心里要想着采取自我解释的办法。

另外，不熟悉的词语会赶跑读者，比如一些俚语、电视节目中提到的热词以及流行文化中的缩略词。如果不能向读者提供相关信息，读者会认定他们和你这个专栏作家没有什么共同语言。要是他们不能理解你使用的词语，他们怎么可能关注你的主旨呢？

在我早期的报业生涯里，我假设人人都知道我所知道的东西，所以我很喜欢使用一些流行文化里的行话。有个编辑不断地向我唠叨，使我改掉了这个坏毛病。

“不要用那样的词语。你要假设你是在写东西给我家那位从来不出门的奶奶看。”莱待先生[1]说（正如我暗地里称呼他的那样，莱特先生是从来不会犯

[1]莱特先生，Mr. Wright，谐音Mr. Right，即“正确先生”，故文中说他是“从不犯错”的。

错的）。

“哦，好啦，谁都知道我说的是什么意思的。我写东西的时候为什么还一定要考虑最小公分母呢？”我说。

（显然，当时我的写作能力和说话的水平都还很有欠缺。）

但是，从不出错的莱特先生名副其实，我在专栏写作中采纳了他那明智的建议。很难以置信，可事实上真的有很多读者完全不知道“本妮佛”（Bennifer）是什么意思——这一度是詹妮佛·洛佩兹（Jennifer Lopez）和本·艾佛列克（Ben Affleck）这两位名人名字的非常有名的组合。（看看现在结果又怎么样了呢？）

过渡

另一个有用的工具是，使用过渡性的语言。这是作者的“全球定位系统”，换句话说，这是让读者了解路标并让他们知道自己到了文章什么位置的办法。

得体的过渡性话语会使阅读过程变得轻松。写作的目的是把开头、中间和结尾天衣无缝地连接起来。专栏文章的语调是个性化的，要在非常有限的空间里和读者分享作者的记忆或观点。专栏作家常常能够展现出情绪的波动和时间框架的变动，而这一切都在700个词的篇幅内。

在这样的波动或变动中，不能把读者弄糊涂了。要平稳地变换挡位，这就是“过渡”。有些词语，比如说“但是”或者“然而”，就起着路标的作用，就好像是说：“前面变道。”

照应

“过渡”的另一个技巧要么是在前一个段落里预示下文的内容，要么是在新段落开始的时候“重复”前一个段落里的思想。用精妙的手法写出来的前后交叉照应可以强化思路，并在展示新的观点时让读者更容易理解。

《波士顿环球报》的杰夫·雅各比擅用这种技巧，他说：“我总是从前一个段落结束时涉及的话题开始展开新的段落，这样，我试图在专栏文章中获得一种向前推进的动力。”

他在2006年6月14日的专栏文章《伊拉克成功的迹象》中就是这样做的。这篇文章共有14个段落，下面只列出每个段落的头一句话。请注意每个句子是如何重复前一句话而每个新的段落又是怎样提供新信息的。

当伊拉克总理努里•马利基上周宣布说美国的一次空中打击击毙了恐怖主义领袖阿布 •穆萨布•扎卡维时，伊拉克的记者们发出了一片欢呼声。

扎卡维被斩首很重要，也值得欢迎，但是，这丝毫没有改变这周以来深深困扰着人们的想法，即认为这场战争是一个包裹在失败丑闻中的惨败。

实际上，从第一天起，媒体就在报道这场战争时把它看作是注定失败的冗长的祷告。

考虑到新闻业对坏消息的偏好，这种失败主义论调在所难免。

但是，对这场战争，一些不能说是习惯性地唱反调或抨击布什政府的观察家也有非常负面的评价。

另一位颇有洞见的评论家、《华盛顿邮报》的大卫•伊格内修斯在此前一天甚至表达了更悲观的看法。他写道："这是一场伊拉克噩梦，而美国似乎无力阻止它。"

但是，并非所有人都如此绝望。

在美国《评论》杂志6月刊中，资深中东事务新闻记者阿米尔•塔赫里认为，"真实的伊拉克"绝不是传统媒体所展示的恐怖景象，而是一个前景要光明得多的地方。

这些现实是什么呢？

他先从难民说起。

另一个迹象就是去卡尔巴拉和纳杰夫的什叶派圣地朝圣的人群。

第三个迹象是伊拉克第纳尔的价值。

最后，塔赫里说，伊拉克人现在愿意表达出他们内心的想法。

本周国会要举行一场大范围的关于伊拉克的辩论，在这个时候，塔赫里的文章很值得一读。

要记住，上面我只是把他每个新段落的第一句话列出来而已。注意雅各比是怎样用第一个词语或词组来表明新的思想，表明内容的转折，却又"重复"前面提到的内容的。这些句子就像提纲一样，使作者和读者都能够保持聚焦。因此，读者就能够在复杂的话题中感受到平稳的过渡。

读者喜欢轻松驾驭的感受，作为回报，他们会给专栏作家以全力的支持和关注。

先考虑怎样结尾

说话要得体，要尽可能地简洁，但是也要明白晓畅；这是因为，讲话的目的不是为了卖弄，而是为了让别人理解。

——威廉·潘

克里斯多夫·斯坎兰，波因特学院

（本文首先发表在波因特在线：www.poynter.org）

在美国新闻业界，引语成为了默认的文章结尾的方式。因为这一点，读者、作者都深受其害。

前些天，我随意地点击一些新闻网站，打开了一些新闻报道，然后拉动滚动条看文章的结尾。你可以自己试一试。打开一份报纸，挑一篇报道，把眼睛转到结尾处。它们就在那里——那些脱离了躯壳的空洞的声音，成了太多太多新闻报道的结尾的首选。

通过引用来结束新闻报道已经成为了一种习惯性的动作，尤其是在最后截稿时间很紧的情况下，这不难理解。但是，这种做法已经泛滥到让人发腻了。更糟糕的是，这临门一脚式的引语让作者和读者失去了使他们的报道变得让人难以忘怀的其他更为有效的结尾方式。

在新闻写作领域，导语得到了最多的关注，但是，结尾也同样重要——如果不是更重要的话。

如同《纽约客》杂志的约翰·迈克菲曾经说过的那样，如果说导语像是“从上往下直射进报道的闪光灯”，那么，结尾就是能让文章在读者的脑海里和心里活下来的永恒的火苗。

《圣彼得堡时报》分三期连续刊载了安娜·哈尔的叙事文章《切骨利刃》。在该文末尾，作者用了一个事实来表达街头犯罪对一个女警官产生的影响：

> 丽莎很少会想起尤金来，只不过她绝不会把自己的后背卖给空门，即使是在餐厅吃饭，她也总是要背后靠着一面墙。

《萨克拉门托蜜蜂报》的山姆·斯坦顿于1992年目睹了一场死刑的执行过程，因此，他本来是可以引用随便多少旁观者的话来结束他的报道的。可是，他选择用一个陈述句——“25年零9天以后，加利福尼亚州的毒气室再次恢复了运行”——既是表明文章的结束，也是象征着新的开始。

1995年，里克·布拉格同时获得普利策奖和美国报纸编辑协会颁发的新闻特写奖。当年我采访他的时候，他对我说：“要是一篇新闻报道不能给你留下强烈的形象感，那么，这篇报道就不会好到哪里去。”

布拉格获得普利策奖的新闻报道文集为寻求选择不同的报道结尾方式的作者和编辑们提供了实物教学范本。

有两篇报道是以引用他人的话结束的。一篇新闻特写报道南部一位县治安官劝说苏珊·史密斯承认她把自己的两个孩子溺死并嫁祸给一个黑人男子的事，该文就引用这位治安官的评论作结：“苏珊·史密斯在每个方面都很精明。”他说：“可就在人生方面犯傻了。”

对监禁老年犯人和残疾犯人的阿拉巴马州监狱的报道，以一句对地方大学殡葬专业的学生的评价结束——这些学生前来整理犯人的遗体以便埋葬——“他们为死者化妆化得很好。”监狱官说。

在描述新奥尔良市“油腻星期二”狂欢节[1]上的某个深肤色印第安人的速写中，布拉格当然有可以用同样手法的素材。

> 班诺克先生坐在房子里汗流浃背、没日没夜地干着针线活。他从来没有时间成家。他是为油腻星期二而生的。

[1]油腻星期二是个天主教节日。从复活节前第七个星期三起到复活节前夕的40天是封斋期，油腻星期二则是大斋期之前狂欢节的最后一天。路易斯安那州的新奥尔良、法国尼斯、巴西里约热内卢是庆祝这一节日的最有名的三个城市，庆祝的方式有露天表演、彩车游行和化装舞会。

“我需要这个上午的荣耀。”他说。

要是别的作者，大多数人可能就在这里以这句充满色彩的引语结束文章了。但是，布拉格不一样，他选择使用一个细节来传达他的主旨：一个人会奉献给一个比他自己要更大的传统。

几年前他曾经患过心脏病，但是他没有时间去死。那时候他还有40码的绒布要裁剪、缝制。

在故事结尾处，面对空白的页面，大多数记者会塞进某个引语来，这样做自然是理由多多。

首先，这样比较方便。这是结束故事的一个快捷而方便的方式。

可是还有另一个更微妙的理由，这与报道的过程有关。记者动笔的时候常常是不清楚的，不能确定他们必须要记录或解释的事件或话题的含义。在这个迷茫的旅程中，至少有那么一次记者听到——或读到——某个东西，它在刹那间产生了某种明晰的意义。

这些词语从页面上跳了出来，或者从某个信息来源的口中冒了出来，进入了记者的笔记本或录音笔里，突然，记者理解了事件的意义所在。嘎吱嘎吱作响的小提琴发出了准确的音调。这个方块恰好拼出了整个拼图。所缺的仅仅是个引号而已。而这时脑子里紧接着涌出的想法就是：“哦，我就用它结尾了！”

这个时刻有助于记者理解自己的故事。但是，读者并没有和记者一起走过同样的探索之旅，他们需要不一样的信息以心满意足地完成他们的阅读过程，因而，这个能让记者豁然开朗的时刻对读者并不能产生同样的效果。

在由尼曼基金会和波因特学院联合主办的2001年度叙事新闻业大会上，美联社的布鲁斯·德席尔瓦对与会人员说：“好的结尾必须而且肯定最低程度上要同时做到三个方面。”

- 告诉读者故事结束了。
- 在读者脑海里钉下故事的中心主题。
- 共鸣。“放下文章，翻到背面的时候，你应该能够听到它在你的脑中回响。不应该只是故事结束了，拥有了一个中心而已，”德席尔瓦说，“它应该能够让你记住并引起你更深入的思考。最好的结尾不仅是这样，它们还能做到别的一些东西。它们会让你有点感到意外。它们自身会有一些意料之外的转折。而且当你再进一步思考的时候，你会意识到它完全正确。”

在有的情况下，作者需要重新组织文章结构。把那句当作射门用的引语拿走，往前挪，用以支撑某个描述，或强化某个段落，另找某个能够强化故事主旨的东西。要更用心地思考该怎样结尾，就像电影剧作家鲍勃·贝克所做的那样。

正如普利策奖获得者乔恩·富兰克林建议的那样，要先写结尾，这样你就有了一个可以前往的目的地，或者至少你知道你的目的地在哪里。

爱荷华州《德梅因纪事报》的肯·富森说：“我给年轻人的建议是，你们在动笔之前就应明白你的结尾是什么。”

不管你选择怎样结尾，你都不能把结尾弄成是某个事后补充的想法。很少有读者会回过头来读你费尽心力写出来的那个精彩的导语。如果你把事情做对了（如果你的文章写得不错），他们最后读到的东西是文章的结尾。要让结尾发挥作用。

几年前，资深编辑、教练和写作课老师杰克·哈特用他的“导语辞典”帮助作者、编辑们了解新闻报道的各式各样可能的开头方式。

以同样的理念，我提出一个“结尾百科全书”。下面是该书的一些词条样本，主要是依据多恩·默里的论述。

轶事类结尾

默里说：“轶事本身就是一个简短的故事。它把人物、地点、对话、行为和反应结合起来。它用暗示、说明的方式总结全文。”

细节类结尾

默里说：“作者用特定的细节、具体的意象、事实或数据通过暗示来结束故事。部分代表着全体，并让读者记住这一个特别的信息。”

脸部特写类结尾

“这种结尾让作者后退一步，把焦点对准故事中的某个重要的人物。”默里说。参见“细节类结尾”。

描述性引语类结尾

报纸新闻故事中的大多数引语是为了回答记者的提问而现场说出来的，因而并不是描述性的。描述性引语是指那些“在所描述的事件发生的时候”说出的话。这是詹姆斯·B.斯图亚特在《读懂故事》一文中提出的区分。

引语类结尾

“引语本身就是一条信息，”默里说，“引语的权威性来自说话人而不是作者。它为故事带上一种客观的感觉，因而可以容许得出让读者接受而且相信的结论。它让作者躲到一边而不用承担风险。”

场景类结尾

“这种结尾允许作者后退一步，让读者看到整个故事。”默里说。

施瓦布式结尾

专栏作家汤米·汤姆里逊为了纪念北卡罗莱纳州《夏洛特观察家报》的编辑加里·施瓦布而杜撰了这个名字。施瓦布教汤姆里逊寻找出人意料的结尾。

在报道一个因飞机失事而去世的年轻的钓鱼明星时，汤姆里逊在结尾处描述家人撒他的骨灰的情景。“这是我能预料到的结尾，”施瓦布对这位记者说，“你能给我一个我未能预料到的结尾吗？”

在我为即将到来的“2004年度最佳报纸写作奖”而采访他的时候，汤姆里逊描述了他当时回去查看自己的采访笔记的情形。他发现了这样一幕：这个钓鱼爱好者的父母在播放当初儿子钓到第一条鱼的那一天录下来的视频。

“我把这一幕写下来，我想，这个结尾要好得多，因为它回应了报道开头的内容，并且，它不仅为孩子一生所发生的事情增添了更丰富的内涵，而且也为他家人的生活中发生的事情增添了丰富的韵味。

“不论什么时候，我写类似这样一篇重要的新闻报道时，我都会试图思考：‘我是不是可以给这个故事加一个施瓦布式的结尾呢？’”

专栏的篇幅

美国宪法的篇幅不到1998年版丰田凯美瑞汽车用户手册的四分之一长，然而它却成功地保证了世界上最难以驾驭、最富有热情、最充满活力的3亿人拥有安全、富足和自由。

——P.J.欧罗克

一篇专栏文章应该写多少字？专栏文章的字数可能从250个词到1000个词不等。有人可能会觉得，既然因特网可以具有无限的储存空间，那么他们也就可以对字数的限制嗤之以鼻。然而，要想获得具有出版水平的写作能力，知道该何时停笔是至关重要的。坚持按报纸规定的有限空间写作是一种很好的写作训练方式。如果你想要你的文章以印刷的形式发表，那么，行文简洁是必须的。

要明白你的读者是谁。在给专栏投稿前，读一读目标出版物，以对文章的内容和长度有所感知。一般来说，报纸网站的“投稿须知”栏会贴出有关的专栏要求，或者你也可以和编辑联系以得知专栏文章理想的字数是多少。

专栏的长度可以用多种不同的方式来表述。它可以直接用字词数来表示，比如说一个“700个词的专栏”。或者有时候会说一个专栏被分配了多少“英寸”的空间，这取决于报纸的需要和空间限制。例如，我在为新泽西州《亨特敦县民主党人报》工作的时候，编辑给我在社论版的幽默专栏留下的空间是“13英寸”。

《今日美国》的克雷格·威尔逊开了一个流行的生活专栏，他的专栏的长度既不是按照字词数衡量，也不是按照英寸来衡量，而是被规定为“100个句子”。

不管过去被允许的长度是多少，现在的事实是，报纸专栏的空间缩水了。不受长度限制的例外是粘贴在网页上的博客和专栏（我们都读到过因特网上长达几英里的文章）。

密苏里州《堪萨斯城星报》的专栏作家比尔•塔缪斯从事专栏写作已经有40年。在这个历程里，他亲眼见到报纸行业专栏文章越来越短的趋势。

“一二十年以前，还常常可以看到850—1000个词长度的观点或社论专栏文章。如今，大概700个词就是上限了。因为种种原因，报纸正在萎缩，所以我确信编辑们是想要500个词长度的专栏文章，可是，有些内容用500个词说不清楚。”塔缪斯说。塔缪斯是全国报纸专栏作家协会的前会长。

得克萨斯州《沃斯港明星电讯报》的都市专栏作家戴夫·利伯像“看门狗”一样审视着当地政客，对一些有问题的做法提出批评。他的专栏文章因为包含深度的研究和经过调查得到的报告，所以平均下来有800个词甚至更多。

《基督教科学箴言报》的《家庭论坛》栏目需要的是300—900个词之间的“乐观积极的个性化文章”。

艾特•布赫瓦尔德作为一个政治讽刺作家，在他55年的写作生涯里，轻轻松松地写出了8000多篇专栏文章。他大多数专栏文章的长度大约是500个词。

很多幽默专栏作家觉得500个词的长度比较理想。密西西比州《哈蒂斯堡美国人报》的克里斯汀•特维德很好地为莎士比亚的名言“简洁是智慧的灵魂”做了朴素的解读。她说：

“节奏、对时间的掌控以及保守的字数主宰着我写的每一篇专栏。挑战就在于，要在不让人大伤脑筋的同时总能让人发笑。任何超过500个词的东西，结果证明对很多读者来说都是要求太高了。我努力对此保持敏锐。”

就现实的一方面而言，因为报纸空间的限制，短的专栏文章更有机会被采用。

但是，并不是所有的长文章都会被自动地踢进“废纸篓”的。新颖的视角可以带来很好的机会。如果观点和视角独到，话题又切合时宜，《波士顿环球报》的编辑L. 金·谭就曾刊登过1400个词的专栏文章。

“通常来说，专栏文章可以是800—900个词。”他说。

当你往出版的池子里伸进你的大脚趾头的时候，先写写500—600个词的专栏文章试试水。要是你的文章获得了编辑的青睐，他们或许会请你把它展开一点点。另一方面，要是你费尽千辛万苦写了一篇1500个词的文章讨论进化论和智慧设计论之间的论争，而且某家大报也认为该文章写得很好，结果你却被告知“但是这篇文章太长了，我们版面有限”，那实在没有比这更糟糕的了。有个新手自由撰稿人就碰到了这样的事，她在我的肩膀上哭了。

“可是，为什么编辑不把它改短一点呢？难道这不正是编辑该做的工作吗？”她问。

编辑们受最后截稿时间的催迫，有很多事情要做。有时候他们可不愿意花时间替不熟悉的作者精雕细琢。他们很可能有别的同样写得很棒但却短很多的来稿。

在你获得编辑的信任以后，你就有可能拥有一些灵活性，字数也不会限制得那么死。这种熟悉需要时间，需要等专栏作家展示出已被证明了的才能和可靠性之后才行。

但是首先你必须得获得对你感兴趣的编辑的认可。你写了一篇把养貂业和行为经济学予以对比的长达1800个词的专栏文章，尽管它很可能充满灵气和天分，但是，你还是应该把它缩短。在说到报纸篇幅的时候，文章的长度实在是很重要的因素。

栏寸

报纸版面由一排排间隔开的垂直的栏式构成，这些栏式里面可以包含文章、广告和图表。1“栏寸”就是栏宽×1英寸的版面。报纸版面整体的宽度可能随不同的报纸而有差异，因此，不同报纸的栏式也有不同的宽度。报纸每个页面上的栏式随报纸版面大小的不同可以分为4栏、5栏、6栏或8栏。

一般来说，专栏作家会被分配给特定数量的版面空间，这个空间可以用字数确定，也可以用“多少栏寸”来表示。

英语报纸中，一个栏寸通常含大约40个词。但是，如果编辑分配给你一个专栏的长度，而你又不能确定究竟是多少篇幅，你可以问他要一个具体的字数。

两位专栏作家的写作诀窍

这里，专栏作家罗伯特·L.霍特和吴耀与大家一起分享他们专栏写作成功的个人心得。

4-S准则

罗伯特·L.霍特
《俄克拉荷马人报》驻华盛顿专栏作家

我在专栏写作时会努力遵循一个“4-S”准则：

● 简短（short）：“简短”的意思是，不要冗长。报纸版面空间日趋缩小，“简短”不是可要可不要的，而是一种必需的条件。

● 简单（simple）：不要侮辱读者的智慧，可是，如果你希望有人读你的文章，你的文章必须要有可读性，容易读懂。

● 站得住脚（sound）：遵循新闻业伦理的原则，专栏文章要经得起严密细致的审查。

- 有感染力（sing）：文章写得四平八稳、论证有据、简明易读，这还不够。它还必须有强大的感染力，能够和读者读到的任何别的内容竞争。

华盛顿特区的世界光怪陆离，对书写这个世界的作家来说，简洁是一个严峻的挑战。国会山充斥着冗词赘语——看看《国会议事录》，每天的内容都有几英寸厚。阻碍议案通过的一个惯例性的做法，就是用尽可能多的词语说废话。该官僚机构正是长篇累牍的法规和沉闷冗长的公告的滋生地。

政府官员对于“减肥”的呼声倾向于充耳不闻，但报纸专栏作家就几乎别无选择。我宁可自己动手删减文章而不是让编辑帮我。因此，当我供稿的报纸做了根本上的重新设计并砍掉了几个栏目时，我主动把我的专栏削减到500个词。

在国家首都的氛围下，要想做到简明同样困难。从历史上看，公共行政官员就难以做到用简单、清晰的语言表达他们的思想和观点。得克萨斯州的共和党人莫里·麦维里克是个说话直白的人，1944年，他给这个问题贴上了标签。他生造了一个词语“gobbledygook”（啰唆浮夸语言）来描述那种臃肿、浮夸的官方语言。他曾经对他的人员说：“谁要是用activate（刺激）或implement（实施）这两个词，就要枪毙谁。”

威尔·罗杰斯一直都是我最喜欢的专栏作家，他树立了简明写作的榜样。他的一些流传最广的名言用的都是一两个音节的单词，比如：“I don’t make jokes, I just watch government and report the facts.”（我不开玩笑，我只是看着政府的所作所为，把事实讲出来。）“No man is great if he thinks he is.”（自认为伟大的人都不伟大。）“All I know is what I read in the papers.”（我所知道的只是我在报纸上读到的东西。）

以前在合众国际社任通讯员的时候，我被告知要为“堪萨斯市送奶工人”写东西。换言之，要使你写的东西让普通读者都能读懂。

近年来，专栏作家违背了太多的职业伦理，其中包括厚颜无耻地捏造事实，虚构他人说的话以及杜撰人物。因为我的专栏《波多马克河交汇口》多用讽刺的手法，因此我不得不特别小心，以免在写到国会代表巴勃尔（Babble，“喋喋不休”之意）、参议员斯坦普（Stump，“讲台”）以及“国会马后炮委员会”的时候误导我的读者。

在华盛顿，真实发生的故事常常如此离奇荒谬、难以置信，以至于我们都应该模仿谐星大卫·巴里，并用某种方式表达出“这不是我的虚构”的意思。

至于说到要让专栏文章“有感染力”从而吸引读者的注意力，那正是作家个人“声音”或独特风格起作用的地方。我坐到键盘前的时候，我得问自己：“我怎样才能使这篇文章和别的文章有所不同呢？”下面是一些似乎曾经有效的办法。

- 为了表现新医疗保健方案中处方药计划带来的混乱，我按照喜剧演员艾博特与科斯特洛表演的《谁在一垒》[1]的老套路展开。我知道，提到收音机黄金时代的事情不会对年轻人有吸引力，但是我觉得他们反正不会读我写的东西，所以也就无所谓了。
- 把一个严肃的事件做一种幽默的变形。在O. J. 辛普森被指控谋杀妻子的时候，我就思考这件事对于那些橙汁行业的院外游说人员[2]会产生什么影响。
- 我那篇综述各种圣诞节幽默的文章的导语的灵感来自一则真实新闻：“当华盛顿-巴尔的摩光屁股家庭裸体俱乐部开始了它一年一度的假日服装大推销的时候，你就知道圣诞节到了。”
- 在写1998年感恩节专栏文章的时候，我想象着自己看到调情大师比尔·克林顿在服务公众——负责接听农业部的家禽热线。

问：怎样解冻火鸡？

答：我想最好的办法是……尽量拉扯火鸡的身子，与此同时，不承认存在火鸡需要解冻这样的问题。

我得知大多数读者都愿意接受一些异想天开的玩笑——他们提议请斯摩基熊[3]为总统大选助阵，并寄来超市食品折扣券来帮助为诉讼费困扰的总统和第一夫人。可是另有一些人就把我的嘲笑的话过于当真；当我在文章里说艾尔·戈尔

[1]《谁在一垒》是艾博特与科斯特洛表演的一出小品。该小品中，艾博特告诉科斯特洛在棒球比赛场地上各位运动员的名字。因为场上一垒、二垒和三垒上的运动员的绰号分别是“谁（Who）”“什么（What）”和“我不知道（I don't Know）”，所以艾博特和科斯特洛的对话充满了误会。该小品最初于1938年3月在电台播出，此后一直深受听众喜爱。

[2]指常在美国参众两院外逮住机会就向议员们游说、推销某种政治立场和观点的人员。

[3]斯摩基熊（Smokey the Bear）是美国农业部森林局创造出来、旨在教育大众防止森林火灾的吉祥物。

因竞选总统失败而发胖的时候，有人指责我，说我诋毁胖子。

上述的4-S写作准则或许并不适用于所有人，但是，既然我的专栏从1989年以来都一直开着，那我认定，我这样做一定是有道理的。

十条建议

吴耀

新加坡《今天日报》专栏作家

1. 带着信念写作。把你的观点当作你确实相信的内容提出来。用信念为你的观点辩护。对一个议题要坚持自己明确的立场。不要模棱两可，决不能左右摇摆。

2. 保持你的焦点。你的专栏文章要谈一件事，并且只谈一件。不要模糊你的主旨，要保持你的焦点。这是给你的读者留下强烈印象，让他们相信你的观点正确的唯一办法。

3. 要理解反对的观点。留意反对你的论据。预先估计有哪些反对你的观点，用严密的推理令人信服地批驳它们。如果对反对的观点不熟悉，你就不能很好地为自己的观点辩护。

4. 用事实做论据。无论你的论辩过程多么符合逻辑，如果不能提供能够支撑你的立场的事实，这样的论述是没有多大效力的。事实不用过多，不要用各种统计数据和图表把你的读者淹没掉。可是一定要使用信誉良好的机构和个人所提供的事实。

5. 使用类比。在展示观点，尤其是当你写的话题比较复杂或者技术性比较强时，类比是很有用的。利用日常生活中的简单的类比可以使讨论的议题更好懂，也与读者更相关。

6. 要有批判性。人们喜欢读敢于批评现实中真实人物的专栏作家的文章——而不是只批评没有明确人物对象的概念和政策。点名批评可能会招来一些论争，但是，只要你没有诽谤他人，在批评中没有过火的言辞，那么，这样的批评就可以使你的专栏文章读起来饶有趣味、激动人心。

7. 运用报道。写专栏文章而不使用任何报道是可以的，但是，最好的专栏文章常常都包含某种形式的报道。你在报道的时候会有一个立足点，这样你会对发生的事情有更好的认识和感知。如果你是在象牙塔里写作，文章会表现出来的。

8. 当地化、个性化。只要有可能，就要把你的故事当地化。此外，还要把它和某种个人经历联系起来——你自己的个人经历或者是你认识的某个人的经历都行。对读者而言，这会使一个本来会让人觉得遥远的、费解的话题变得更加真实、更有现实相关性、更记忆深刻。

9. 要有激情。一般来说，人们读专栏文章时，不喜欢听到软绵绵、被动消极的声音。因此，要积极，甚至有点霸道。人们想要看到你的激情。他们想要感受到被激发出热情。如果议题不能令你这个作者激动起来，那么，它肯定也不会令读者激动。

10. 要提出一个解决方案。最后但并非最不重要的是，不要仅仅提出问题而不给出解决之道。要有一种提出解决方案的信念。批评某些政策却不提供解决方案的专栏文章是没有价值的。人们阅读专栏文章是想从中获得洞见，得到答案。如果你不提供真知灼见和解决方案，作为一个专栏作家，你就是失败的。

【经授权而节选自《专栏写作建议》，吴耀，oonyeoh. squarespace. com.】

文思枯竭怎么办

写作就是战斗。

——拳王阿里

一瞬间，又一瞬间，依旧是一片空白。时钟嘀嗒嘀嗒地响着，编辑的脚步声走近了，他就要来敲门了。有时候，专栏作家会遇到写作瓶颈，要与写作梗阻做斗争。每一次赶在截稿时间前脱稿，都需要策动一场冲锋。有些日子里，这是意气风发地朝胜利山策马奔驰；别的时候，它却是蹚过泥沼的艰难跋涉，是从另一角度的重新部署和进攻。

即使是最老练的专栏作家也会绝望地绞扭自己的双手一筹莫展，就像是在往键盘上挤压出专栏文章一样。未能写出专栏文章常常是因为突发新闻或别的任务吞噬掉了时间，可是也有时候是因为脑子里的观点库存量不足，于是对着空白的屏幕脑子里空空如也。想象中有个女教师手拿一根柳条准备随时敲打我的指关节表示对我的谴责。

“你怎么都赶不上期限了！行动起来，姑娘！”

我怯怯地敲出了几行字。突然我耳边传来了邪恶小精灵的低语声。

“这多蠢啊。”“这样可不行，伙计。”“你真是要笑死我了。”“哦，请别这样……”

用通俗心理学的术语来说，我是遇到我那“内在破坏者”了。

转移注意力

作为专栏作家，面对这些“心魔”的捣蛋，我的办法是转移注意力。

我假装给某个朋友写封信。这样，我就不是给那些看不见的、吹毛求疵的“他们”写作，而是给我的某个好朋友写信，说一个有趣的话题。职业演说家在发表演讲的时候会在听众中寻找友善的面孔，用的就是同样的招数。

因为幽默是自然而然产生的，因此，这样聚焦于某一个朋友能让我调节到一种放松的、讲故事的情绪中。当我不再对敲击的每个按键都自我审查的时候，我那种喜剧性的时间控制和意象就会得到改善。这样，初稿就得以成形了。

写完了。我把这封“信”中最好的部分剪切粘贴到专栏文章中，就可以对文章进行编辑了。这样我不仅有了一份初稿，我还可以真的给朋友寄一封信过去。这很符合我那种“一物多用”的个性。

于是我志得意满地朝我心中那些如今不再闹腾的妖怪眨眼。但是，别弄错了，他们明天还会回来的。

别的专栏作家又是怎么做的呢？

有的同事说，截稿期限和不能交稿就失去工作的威胁是很好的鞭策，可以激励他们努力工作。也有的人声称他们“只是坐下来动手写”。但是，更多的人则用一两个自己独特的招数来写出专栏文章。

记笔记

“带一个笔记本，一旦有了观点、想法和词语，马上就记下来。你以为你以后可以回忆起来的，但是，你做不到。因为我以为我能够记住，结果我失去了几百个好的点子。”《波士顿环球报》的埃伦·古德曼说。

用音乐激发灵感

宾夕法尼亚州《匹兹堡邮政公报》的都市专栏作家托尼·诺曼播放与他想要撰写的专栏文章情绪相符的音乐。

“让你的声音在专栏文章中得到表达的最好办法是快速而毫无顾忌地书写。今天我在听布鲁斯·斯普林斯汀的专辑《布鲁斯·斯普林斯汀金曲集》（The Essential Bruce Springsteen），因为我写的是自由谈话广播网的话题。我需要某种夸张、滑稽而且偶尔有些深度的东西来激发相应的情绪，凭借这种情绪就可以应付最后交稿期限了。”诺曼说。

行为榜样和音乐给《沃斯港明星电讯报》的“看门狗”专栏作家戴夫•利伯带来灵感。

“为了帮助我进入写作状态，我会读一篇吉米•布莱斯林以前写的专栏文章，是他首创了现代都市新闻专栏。或者我会读一篇《洛杉矶时报》史蒂夫•洛佩兹的专栏文章。然后我就坐下来，在合适的心情下，开足马力写吧！我总是会放一些适合于当天专栏文章风格的音乐，让同一首歌循环播放。”他说。

邀请“灾难”

《信使邮报》的梅利莎•贾维斯说，如果没有专栏文章材料，那么可以走出去，让它在现实中呈现出来。

“我会创造一个情景，下意识地邀请‘灾难’（当然也激发出灵感）。我会让孩子们邀请5个朋友来家里做客，这样我就会得到足够的专栏文章所需要的材料，从而让我走出暂时的低谷。” 贾维斯说。贾维斯是《家庭相册》的作者。

厄马•邦贝克作家研讨会的主任提姆•比特对此表示赞同。

“去一个杂货店，往购物车上塞50罐猪肉罐头、一瓶两升装的激浪饮料，然后走‘十二件以下专用快捷结账收银口’，就会发生一些有趣的事情了，我敢保证会是这样。”比特说。他自己就是个“育儿幽默专栏”的专栏作家。

浏览报纸标题

讽刺大师艾特•布赫瓦尔德说，是政客们让他的工作变得容易了，有时候太容易了。要找专栏素材的话，他只需要读一读早上报纸的标题就有了。

“读读汤姆•德莱的新闻，我就有两篇专栏文章的素材了。读读唐纳德•拉姆斯菲尔德的新闻，我一天都有事可做了。”布赫瓦尔德说[1]。

还有些专栏作家会认真细读报纸以发掘容易被忽视的珠宝。

《今日美国》的克雷格•威尔逊说：“我每天都浏览报纸，找一个句子，比

---

[1]汤姆·德莱曾是美国众议院多数派领袖。唐纳德·拉姆斯菲尔德则是美国前国防部长。

如说‘代顿市的人们在往鼻子里面塞豆粒糖’[1]，我就想：‘哦，这事有点奇怪。或许我可以就这件事进一步挖掘挖掘，写出100句话来。’”

研究对手

《亚利桑那每日星报》的都市专栏作家小厄内斯托•波蒂略会浏览对手的作品。

“要是我在写政治专栏文章，我会读那些和我要写的内容观点相反的作家的专栏文章。我通过阅读与我的观点完全相反的文章来改善自己的论述和行文逻辑。我会给出一些直接、简洁而一针见血的评论。”波蒂略说。

激起义愤的情绪

义愤能让《费城每日新闻》的斯图•白可夫斯基变得精神振奋。他说：“我的专栏没有特别的限制，因此我可以从任何事情中得到灵感。我会特别关注那些让我气愤或我看起来觉得是不公正的事情。我也想向读者们解释事情的真相，让他们了解娱乐圈和政界发生的事情的来龙去脉——而其中几乎总是涉及到钱的问题。”

从读者那里获得支持

有位话题专栏（包含多个互不相关话题的专栏）作家特别注意聆听读者的建议和评论。斯迈里•安德斯为路易斯安那州巴吞鲁日市的《支持者》报写专栏，每周出六期。

“读者反应及时，能让事情顺利进行。每天我都收到50到100条甚至更多的回应（电子邮件、传真、邮件、电话以及涂画在餐桌纸巾上的话语等等）。我从中挑选一些以丰富专栏的趣味。几年前有个读者问我：‘你把别人写的东西拿来做专栏材料并获得稿酬，你不觉得负疚吗？’我的回答是‘不’。”安德斯说。他曾经五度获得全国报纸专栏作家协会颁发的赫布•凯恩奖。

[1]对于调皮的孩子，要是妈妈教育他说“你不要把豆粒糖往鼻子里塞”，那么，孩子很可能在大人不注意的时候真的把豆粒糖往鼻子里塞。“往鼻子里塞豆粒糖”指愚蠢的行为。

像斯巴达人那样磨炼自己

呼唤缪斯女神垂怜时，要能够忍受孤独、寒冷和饥饿。《编辑和出版人》杂志的戴夫•阿斯特是新泽西州的《蒙特克莱尔时报》幽默讽刺专栏的自由撰稿人，他的专栏名叫《蒙特克莱尔预言家》。他每天在上下班的火车上得到自己专栏的灵感，为了避免干扰，他在火车上不带别的阅读材料。

“然后，当我在家里写专栏文章时，我把温度调低以尽量保持清醒。此外，写东西之前我会少吃东西，因为保持饥饿感能让我处于一种更敏锐的状态，这有助于我写讽刺性的文章。”阿斯特说。

食物贿赂与意识流

南加州的专栏作家希拉•巴斯卡开了一个名叫《微笑休息时段》的专栏，对她来说，糖浆巧克力冰淇淋和热气腾腾的咖啡能驱走作家遇到的写作瓶颈。她写作时常常要准备的东西包括：一张舒适的椅子，画了黄色格子线的书写纸，还有她最喜欢的钢笔。

“我会在纸上不断地跟自己说话，到后来就有东西呈现出来了。此外，我会把一周以来碰到的每一件令我难堪或具有讽刺意味的事情记录下来，并将之‘存档’以备未来写专栏时使用。”巴斯卡说。

深入调查

在为“突然变老”网站写专栏文章时，弗兰克•凯泽埋身在各种研究材料中，“迷失在研究过程之中”。

“我花好几个小时把好的材料和没用的材料区分开，然后花更多的时间打电话核实事实和别人说过的话，最后，我在电脑上把一切都整理清楚，把这些内容写成一篇能让我那些年过五旬的读者感兴趣的内容翔实、富有见解、饶有趣味的专栏文章。”凯泽说。

立即动手

《波士顿环球报》的埃伦•古德曼说：“文章写出来可能有好有坏，但你就是不能误了期限。如果我觉得思路堵塞、感到有压力，或者就想放松放松，那么，我会：

- 读书。读书犹如饮食，它是作家的食物。
- 四下里走动，不断走来走去。我发现，双腿运动的节奏会令头脑运转起来。”

放下，然后反躬自省

康涅狄格州《共和党美国人报》的特蕾西·欧莎尼西认为，作家的写作瓶颈实际上是一种懒散行为。可以去骑自行车、跑步或者整理地面的枯叶，但就是不能光在那里快速地翻动记录的笔记。完全放下可以让你反躬自省，直达内心。

“世界上有很多奇迹，也有很多不公正。寻找它，找到它，迫切地想去骚动它。如果这个世界对你来说太沉闷、黑暗，那么，反躬自省，探究你自己记忆的深井。你可能以为你的记忆里满是乏味平常的东西，但是，它们实际上很丰富，很独特，有着你独有的个性。放下一切会带你回到你的本源，回到你的内心。”欧莎尼西说。

尝试一点小坏

纽约市《杂志新闻》报的政治专栏作家菲尔·雷斯曼是从在办公室里走来走去开始写作的。等他把新闻编辑部里的同事搞烦，都叫他“快滚”的时候，他就出门散步，走出去很远，有时候会开车到长岛海峡的木头码头那里。

“我考虑着跳进大海会怎么样——要么海水的刺激会化解我的写作瓶颈，要么我就淹死。我喝不加奶的咖啡，一杯接一杯，直到咖啡因让我醉醺醺的，几乎走路都走不稳，要四处撞墙壁了。直到这个时候，我才做好了写专栏文章的准备。”雷斯曼说。他补充说：“至少我不吸烟。”

坐下来，动手写

克里斯托弗·肯尼利是个自由职业的专栏作家，也是版权清算中心作家和创作者关系部主任。他只是直接开始工作，不需要任何寻找灵感的技巧。不过，可要记住新闻编辑部里那些烟雾缭绕的日子。

“我得说我手头得备好四样东西：香烟、火柴、烟灰缸和涂改液。在21世纪来临之际，我和大多数作家一样，既不抽烟，也不写纸稿了。但是，过去那种极端的做法尚且还没有什么好的习惯来取代。”《马萨诸塞州101件大事记》一书的作者肯尼利说。

《华盛顿邮报》的辛迪加专栏作家玛格丽特•凯利也不需要任何内在的激励。

“已故的埃德蒙德•勒布莱顿曾经是国会山新闻记者席领袖，我记得他说过的话。他曾对我说：‘要耐心地把屁股放在椅子上坐稳。’我如今还是照他说的在做。”凯利说。

版权问题

如果你偷一个作者的内容，你是在剽窃；如果你偷很多作者的内容，你就是在研究。

——威尔逊·米兹纳

下面的文章是克里斯托弗•肯尼利的作品。他是非营利性机构版权清算中心作家和创作者关系部主任。该文首先发表在www.beyondthebook.com网站上，这是版权清算中心的一个关于写作和出版的资源网站。经许可转载于此。

本文本身就是一个警醒，是对19世纪末马克·吐温所说内容的提醒。马克·吐温说："对上帝来说，只有一件事是不可能的，那就是从这个星球上的任何一部关于版权的法律中发现意义。无论什么时候要制定或修改版权法，与会的人都是傻瓜。"

可是，即使是马克·吐温，偶尔也会说错。必须得承认，曾经书写美国宪法的美国的创始人们可不是什么"傻瓜"。毕竟，他们在这部权威的文献里直接包含了版权保护的条款。

《美国宪法》第一条第八款第八项说："国会有权……为促进科学和实用技艺的进步，对作家和发明家的著作和发明，在一定期限内给予专利权的保障。"就在国会的第一次大会上，立法者们通过了1790年版权法，该法规定了一个14年的版权保护期限，该期限可以再延期14年。

时代在变化，版权法同样也经常有所改动。如今，美国的版权法保护的期限是作品著作人在世期间外加自著作人过世以后的70年。版权一经在版权局（这是隶属于国会图书馆的一个部门）注册登记，版权所有人就有了向侵权人提起诉讼的依据。如果作品是“雇佣作品”，那么，聘请创作者创作的公司就被视为作者，这样的法人作者享有的版权期限是95年。[1]

换言之，如果一位20岁的独立创作者在2003年创作了一首流行歌曲，那么，假设这位创作者的寿命是75岁的话，该乐曲在美国受到的版权保护的期限是直到2128年。然而，如果该音乐创作者是为公司创作的，那么，不管创作者什么时候去世，公司享有的版权都会在2098年到期。

不管对哪一种类型的作者而言，关于版权法的一些基本知识总是值得铭记在心的。对于那些梦想成为辛迪加创作者或者想要出版自己作品集的自由职业的新闻撰稿人和专栏作家来说，尤其有必要。

关于美国的版权意识，下面用12条建议给出总结（当然，这个总结是相当主观的）。

1. 任何表达方式一旦以某种形式固定下来（两个传统的形式是文字和油画，但是电子的文字处理文件也被视为“固定”的），作品便即时自动地受美国以及外国法律的版权保护。

2. 然而，要想向侵权人提起诉讼，该版权必须得先向美国版权局注册（网站是www.copyright.gov），当前的注册费是45美元。请注意，如果你是一个不受任何公司聘请的自由新闻工作者，那么，发表你的文章的报纸所做的版权登记并不能保护你自己的作品。

3. 作为版权注册的激励措施，法律规定，如果在侵权行为发生以前注册版权的话，对于任何因侵犯版权而产生的成功的法律诉讼行为，其律师费和法定损害的赔偿（在“实际损害”难以证实的场合，每个侵权行为的法定损害赔偿可以高达15万美元）将由侵权人支付。

[1]我国版权法的规定与此稍有区别。2001年修订的《中华人民共和国著作权法》规定，作者的著作权“保护期为作者终生及其死亡后五十年”，对于法人或者其他组织的作品，有关著作权的保护期为五十年。

4. 版权法不保护个人的姓名，也不保护产品“商标”的名字，它们是由商标法保护的。要了解更多的相关信息，请联系美国专利和商标局（www.uispto.gov）。

5. 版权所有人并不只局限于作品的创作者。比如说，作者可以和出版商或辛迪加出版集团签订“雇佣作品”出版合同，也可以签订包含“所有权利”的出版合同。在前一种情况下，从一开始，就版权而言，公司（出版商）是“著作权人”，而作者不享有任何权利；在后一种情况下，最初的创作人开始是享有版权的，但是后来把版权转让给了另一个人（但涉及到版权期限之类的问题时，它们还是按原作者的寿命来计算的）。

6. 另一方面，出版社和辛迪加出版集团并不仅仅因为发表作品就自动获得版权。除非另有书面合同的规定，原作者保有版权，出版商或辛迪加出版集团仅仅是获得出版授权。

7. 报纸专栏作家偶尔会希望借用其他作家作品中的一些片段，他们一般可以随意这样做。《美国版权法》第一百零七条“合理使用”部分规定，可以允许有限度地借用某些受版权保护的材料。究竟可以引用多少内容而不必担心侵权，这并没有明确的规定。不过，对于一般是600个词的报纸专栏文章而言，任何侵权的指控可能看起来都有点夸张。根据美国版权局的说法，在下列场合，《美国版权法》第一百零七条允许不经版权所有人的同意就使用作品的内容：“在评论或批评时为了说明或做出评价而引用作品的片段；在学术性或技术性作品中，为了表明或澄清作者的观点而引用作品中的短的段落；对戏仿的作品的某些内容予以拟写而使用作品内容；以及在新闻报道中总括某个演讲或文章的内容时，可以有简短的引用。”[1]

8. 版权所有人可以向多个出版商或其他人授权以某些具体的方式重复使用其作品。此类重复使用的方式可以包括电影改编权、外语翻译权以及商业化运作的权利（例如以漫画角色的形式出现的动画人物）。

9. 和大多数青少年的想法相反，网站（不管是其全部还是其部分内容）几乎

[1]《中华人民共和国著作权法》对著作权“权利的限制”也有类似规定，详情请参阅该法的第二十二条和二十三条。

总是受版权保护的。这不仅适用于网站上的文本，也适用于相片和插图。[1]

10.然而，和网页中的内容不同，域名（例如www.beyondthebcok.com这样的域名）并不受版权法的保护。互联网名称与数字地址分配机构（ICANN）负责监管整个域名系统。可以向几个指定的域名申请机构交纳一笔年费而注册域名，这样的域名申请机构的名单列在www.icanno.org这个网页上。此外，ICANN的网站上还提供了关于如何解决域名争端的资料。

11.当作者和出版商之间出现版权纠纷时，有很多作家组织可以通过其合同纠纷解决方案为作家提供帮助。这样的组织有：美国新闻工作者与作家协会（www.asja.org）、美国作家工会（www.nwu.org）以及美国剧作家协会（www.authorguild.org）。

12.最后，版权法可能会几乎和麦当娜的头发颜色一样变化频繁，而对它的解释几乎就像佛罗里达州总统竞选的投票人数一样多，因此，请务必相信下面这条建议：当你的编辑、代理人或律师为你提供任何有关版权方面的非专业的建议时，请一定要核实这些建议是否准确，是否符合当下的情形。

[1]我国有关互联网的版权保护的法规是《互联网著作权行政保护办法》，该办法规定："互联网信息服务活动中直接提供互联网内容的行为，适用著作权法。"

和编辑打交道

在这世上，没有什么激情能够和修改别人的文章那种激情相提并论。

——H.G.维尔斯

编辑并不是敌人（只是有时候他们给人的感觉就像是敌人）。《波士顿环球报》的编辑L.金·谭说："作者需要编辑的帮助，其产品才能走向市场。最后把文章发表出来的是编辑和出版商。你只能接受编辑加工，这是没办法的事。"

如果你是新闻编辑室的新员工，那么你就多听多学。如果你是一个自由职业的专栏作家，刚刚得到一个版面机会，那你得适应报纸的风格。在编辑和作者之间建立信任需要时间，因此你得乐于听取编辑的建议。

"年轻人有听取别人建议的义务。23岁初次接触报纸的时候你不可能完全成熟，你做不到。你会在人生剩下的岁月里成熟起来。"2005年在全国报纸专栏作家协会的一次会议上，获得终身成就奖的皮特·汉米尔说。

1998年，我44岁，第一次在报纸工作。我发现新闻编辑室的训练能给员工们一种自由职业者很难得到的东西，那就是每天对作者的错误予以敲打。在最后期限前处理完稿件以付印的巨大压力令人不寒而栗，因此，如果有编辑给你提意见的话，他们提出的建议会是简洁中肯的。

作为“新兵训练营”的新人，听到编辑对你说要“紧凑点”，或者要你“紧扣一个要点”，甚至说“你想表达什么？”，那是会感到非常刺耳的。把我的各个段落全部重新排列令我火冒三丈。在涉及信息来源是否正确的问题上，要是编辑当着整个新闻编辑部所有人的面再次大声对我嚷嚷说“谁说的?!”，那么，我真的想把键盘往他的脑袋上砸过去。

然而，这样的建议大大地改善了我后来的作品。编辑的工作就是要使文章内容读起来更好；对文章做出修订，这并不是质疑你的能力。

2006年在波士顿召开的全国报纸专栏作家协会的大会上，阿丽亚娜•赫芬顿和与会者分享了她对编辑工作的看法。作为论坛传媒服务公司的签约辛迪加专栏作家，她有多重身份：作家、电视节目主持人、www.huffingtonpost.com网站的合伙创办人。

在刚成为专栏作家的那几年，赫芬顿拒绝别人修改她的文章。

“我知道，刚开始的时候，我讨厌别人改我的稿子，因为我把这看作是对我人格的侮辱，看作是我无能的证据，”赫芬顿说，“后来，我在行内的地位越稳固，我就开始变得越愿意接受别人的改稿，因为我感觉这样的话，我在写作的时候就可以有更多的冒险，因为我知道，如果我走得太远，过头了，或者我写得不妥当，会有人在那里帮我把关的。”

那么，在和专栏作家们相处的时候，编辑们想要什么呢？

《波士顿环球报》有一个厚达16个页面的《环球南部》版，该版每周出两期，L.金•谭是该版的两位编辑之一。这个版面专门报道马萨诸塞州南部沿海地区的新闻。此前谭在新加坡南洋理工大学做副教授的时候曾创办过一个学生报。有时候他希望能够和作者们互换身份，因为培养双重的思维方式大有裨益。

他说：“确实，你会希望记者能够像编辑一样思维，编辑也能像记者一样思维。”

如果专栏文章需要修改，谭常常会退回作品，给出修改意见；如果必要，他会给出重写的提议。他觉得最好是由作者来改写自己的文章，这样就能保持他们的写作特点，保护他们作为作品所有人的自豪感。

“写作并不能给作者带来他们想要的那种经济上的回报，因此我会尽可能地给他们机会发出自己的声音，展示自己的风格。”他说。

有时候自由职业撰稿人会未经约稿就主动向他投稿。谭分享了他选稿的过程：“首先，我们会看看作者是谁——我们以前打过交道吗？读过他以前写的东西吗？认识哪个曾经用过他的作品的人吗？我们能否从某个人那里了解他的情况呢？”

谭认为，如果文章满足以下特点，那是有可能被采用的：

- 文章很精彩。
- 文章中的细节都很精确具体。
- 文章清楚易懂。
- 文章能激起共鸣。

因为谭负责的版面覆盖面广，因此他对多样化的声音和话题感兴趣。他寻找那些他和同事们以前没有碰到的、能够“填补空白”或“满足某种需求”的文章或专栏。

下面，这位《波士顿环球报》的编辑回答了一些有关如何和新作者打交道的问题。

问：如果文章写长了，这是否就会让作者失去被考虑的资格？

答：对谭来说，文章的长度应取决于文章的主题和范围。一般来说，文章的长度应该在800—900个词，但是，如果话题新颖，观点独到，或者故事有趣、内容翔实，那么，文章写到1400个词也是可以接受的。

问：如果以前没有发表过文章，这样的作者会考虑吗？

答：对于那些主动投来的稿，谭更倾向于把它们看作是对作者能力进行评估的依据。

“有时候我们发现有些作者实在是毫无经验。我们会看这样的作者可以提供一些什么样的作品。我会要求他们寄来两三篇没有在别的地方发表的文章，我想要看看文章的质量，看看他们的能力在哪里，然后我会向他们要一些别的东西，”他说，“利用你已经拥有的东西来获得更多可做的事情。”

问：那些难以相处的人是否会降低他们作品发表的概率？

答：“有时候作者可能会很难打交道，但是，如果作品质量高，那还是值得的。说到自由撰稿人，你必须用高质量的作品，用能够满足编辑需要的能力来推销自己。如果你乐于合作，性格随和，这会有帮助。如果你两者兼备，性格又好，文章也写得棒，那么，你比那些只拥有其中一项的人肯定有优势。”谭说。

问：如果作者反对编辑修改自己的文章，怎么办？

答：按谭的说法，这得视情形而定。通常来说，这是一个协作的关系。最终为发表什么文章负责的是编辑，但是这并不是说作者就不应该捍卫自己的作品；如果是意见专栏，当作者和编辑观点不一致的时候，更是如此。

（原注：因为专栏反映的是个人的观点，因此，专栏作家往往会被给予更多的编辑方面的自由。相对来说，新闻报道就必须要客观，作家不允许在故事中塞一些自己的看法。）

“你不必放弃自己的原则。要是编辑想要改写你的专栏文章，使它带上一种与你的意图不同的倾向性，那么，作为专栏作家，你就有责任站出来说：‘不行，这不是我想要的。’编辑加工的目的是试图把握住作者想要表达的内容的精髓。”谭说。

问：推销写作想法的最好办法是什么？

答：“你能用一句话描述你的专栏文章吗？如果能，那么就可以用这句话来推销你的作品了。”他说。

莉莎•麦克马纳斯也是位长期与专栏作家打交道的经验丰富的编辑。《爱国者纪事报》是一家面向波士顿以南26个城镇的日报。麦克马纳斯在该报工作了12年，其中5年是做该报专题报道文章的编辑。在此期间，她为各个不同版面做文字编辑，包括生活、宗教、居家、健康、娱乐和食物等板块。她的作者包括许多专职专栏作家和自由撰稿的专栏作家。

麦克马纳斯认为，专栏作家和编辑之间最好的关系是一种互动的相互信任的关系。她的职责就是让作者走在正确的道路上，并确保每篇文章的质量。

“作为编辑，我承认，这是你的声音，你的观点，你的专栏。但是，它是出现在报纸上我的这个版面的，最后的责任是由我来负的。专栏作家必须能够接受建设性的批评，即使编辑说‘这不行，你得重写’，你也得接受。”

如果对一些编辑加工的内容看法不一致，麦克马纳斯建议，作者和编辑可以进行一系列坦诚而并非对抗性的对话。其目的应该是建立互信，良好的工作关系。

但是，如果作者和编辑之间确实关系恶劣，两人不能相容，那么或许就有必要请上一级的第三方来调停两人各自的目标。然而，在寻求上一级的帮助之前，编辑和作者之间必须首先进行沟通。有时候，双方或许找不到能让大家都满意的解决办法。

“如果无计可施，而有人总在一周接一周地糟蹋你的专栏文章，那么，只好走人了。”麦克马纳斯说。

然而，她建议，在离职前先做一下现实评估。

找几篇编辑修改之前和修改之后的专栏文章一起送到某个你信得过的、会对你说实话的第三方人士那里。或许你觉得是“被糟蹋”，而实际上不过是“彻底编辑”，而且文章修订过后或许是更好了。

麦克马纳斯说：“有些人就是缺少好编辑所拥有的那种视角。”

编辑们讨厌什么？

- 不能接受批评意见的、不合作的专栏作家。
- 不能按规定的最后期限交稿——这包括推迟交稿、要求延期以及从不为度假以及某些紧急状况而预先写稿。最严重的问题是到截稿时间了却两手空空。

“这会让读者非常失望，这是最不该向读者做的事情。”麦克马纳斯说。

- 总是一个调子的专栏文章——要有新的话题，新的思路。
- 不按规定布置的专栏内容写作——当专栏作家的生活发生变化或当专栏作家对当初的话题失去兴趣的时候，往往会发生这样的情形。例如，写家庭教育方式的专栏作家，其孩子去外地求学或工作，“离巢”了。
- 缺少清晰、独特的声音与风格的太一般化的专栏作家。
- 缺少普遍吸引力的专栏文章。
- 以更像是日记或博客风格写的专栏文章。
- 不能按布置的篇幅写作的专栏作家——麦克马纳斯说：“他们指望我会帮他们缩短一些。可是，大多数编辑都有好几样活要干，他们都在超负荷。”

获取编辑的注意

专栏作家怎样才能让编辑对自己某篇很有发表希望的作品感兴趣呢？

麦克马纳斯提供了如下建议：

- 在寻找专栏机会的时候，要对需要付出的时间做出现实的评估。你有能力应付一个月一次、一周一次或者是一周三次的赶稿最后期限吗？
- 在你的求职信里要附上你的自我介绍，说清楚你要写的专栏的类别以及你打算在专栏里展开的各种想法。
- 给编辑打电话并要求寄送几篇样稿。
- 采用别具一格的办法。要说清楚，在处理同一个话题时，你和别人的专栏文章有什么不同之处，借此推销你的专栏文章。用三言两语说清楚你的专栏文章的内容，并说明为什么你这样的写法会吸引更多的读者。
- 提交一些已经发表的专栏文章的样品，或者提供至少四篇完整的达到出版要求的专栏文章。这些样品可以让编辑感受到你的创作能力，并对你的写作风格等有一个良好的整体认识。
- 最好是写普适的主题。
- 每篇专栏文章里只传达一个观点。
- 先向小报投稿，可以先试试周报，然后逐步努力，向更大一些的报纸投稿。
- 如果你想把写博客当作获得专栏机会的方式，那么，你就应该用写付印的专栏那样的风格写博客。文笔拖沓散漫会让编辑们避之不及。

编辑的预算空间都被挤压到令人难以置信的程度，因此，可以预见你会听到很多婉言谢绝你的话。但是你应该定期地回过头来检查一下并跟踪后面的进展，因为事情有可能会出现转机。

对自我意识的管理

虚荣！虚荣，你的名字是作家。

我曾遇到过一些专栏作家，他们坚持对他们的文章，一个字、一个标点都不能改。（为表示强调，他们边说还边重重地在桌子上猛拍！）他们争辩说，专栏文章是个性的反映，因此，它就应该以其最初的面目示人。

有些编辑对这样的要求表示尊重和理解，但他们只是对那些最富有经验的专栏作家才这样。这些作家已经证明了自己的写作才能，其语言精准到位。但是，最好的作品是不怎么需要编辑修改的，因此，编辑做出的让步或许并不是那么大。

我不是那个名叫“一字不改俱乐部”的精英俱乐部的成员，虽然我加入了那个“稍微修改协会”。和其他作者一样，一方面我忠诚于自己的散文风格，另一方面我也渴望有所进步，这让我感到为难。如果专栏文章经过编辑修改后其意义没有变，那么，我无话可说（hold my tongue）。许多同行也都同意这一点。

“无话可说。”“说话。”这让我想起了很久前的一个非常糟糕的文字上的改动。现在想起这个改动，我心里还是很恼火、难受。那时我有篇文章描述炒菜时经历的一场灾难。我写的是：“I blew my toque！”（我的厨师帽掉落到地上。）

Toque的意思是“厨师帽”。可是，编辑没跟我说一声就把这句话改成了“I blew my tongue！”（我的舌头掉落到地上。）[1]

嗯，好吧，通常来说，编辑加工之后文章会得到改善。

[1]这里作者使用了双关。作者由“无话可说”（hold my tongue）联想到一件改稿的事，原稿中的toque被编辑改成了tongue，这一改动使文章意义全非，所以作者耿耿于怀。

文章修改：挥动你的大砍刀

钻石必先历经磨砺才能熠熠生光。

——无名氏

亲自修改文章有两个作用。一方面，作者可以对作品有更多的掌控；另一方面，编辑也更喜欢接受可以直接付印的作品。

然而，有些作家对自己写的东西是如此迷恋，以至于要他们修改文章，简直就是要他们自残。是的，正如马克·吐温曾说的那样，要“杀死你的宝贝们”是很痛苦的，可不幸的是，它们中有些内容是非走不可的。报纸空间是有限的。

行文简洁可以使印刷出来的文章看起来更有魅力，因此，应该把对文章的自我修改看成是一个减少50磅赘肉的减肥过程。人们会说：“啊哈！原来这才是你的真实形象啊！”

专栏作家贝弗莉·贝克汉姆为《波士顿先驱报》写稿20年，其后，在2006年，她转到《波士顿环球报》。在她最忙的时候，她每周写三篇生活时尚方面的专栏文章和三篇社论。

“写作就像是把木头削成想要的形状。你必须不停地修整、砍削，最后留下你需要的东西。要写得简单易懂。”

大地在黎明时分壮丽辉煌，光耀明亮，树叶闪着光芒，随着微风陶醉的节奏左右摇曳。

“这是我读高中的时候写的。我本该这样写：‘微风吹拂，树叶闪闪发光。’”贝克汉姆说。

你是否能够把一篇1200个词的报道缩写到一半的长度而且依然可以把故事讲好呢？2005年，我写了篇文章，讲我目睹外孙女出生的经历。从第一次宫缩开始直到分娩结束，我总共用了550个词。这确实是可以做到的。

《今日美国》的克雷格·威尔逊相信，专栏文章写短一点可以更好地突出细节，使读者满意。

“600个词的专栏文章肯定比1000个词的专栏文章更好。为什么呢？因为你会只使用你最好的材料。否则就写得太冗长了——谁有耐心看完呢？”他说。

赶在截稿最后期限内提炼加工

“为最后期限所迫的记者们很少有时间对自己的作品提炼加工。受激情的影响，加之时间仓促，这样的作品常常很有感染力。”印第安纳州布卢明顿市《先驱时报》的迈克·列奥纳多说。

但是，列奥纳多警告说，随后就会导致那种“改善的遗憾”——本来是可以换一个更好的同义词或者加一个转折衔接的过渡词的。因此，要把用来打磨、抛光文章的时间因素考虑进来，不要把提交平庸的作品怪罪到时间太紧上面。

“想一想你在文章里呈现的形象，想想怎样可以把这些形象组织成更有力的文章。”列奥纳多说。

按照专栏作家、写作教练吉姆·斯塔肖夫斯基的说法，有效的编辑加工始于起草阶段。

在写下专栏文章的第一个词之前，要明确三件事情：

- 你确切想要说的内容是什么。
- 你想要用什么样的先后次序说这些内容。
- 你有多大的空间来说这些内容。

如果初稿组织得当，后期的编辑加工就会省力。简要的提纲会是个有用的向导，它不一定很正式，甚至可以仅仅是写在鸡尾酒会用的餐巾纸上的几个词（如果你恰好是在赴鸡尾酒晚会时来了灵感的话）。这几个词代表了文章的开头、主体部分以及结尾等内容。段落的展开要符合逻辑的顺序，以尽可能减轻读者的迷惑，不让读者在阅读的时候前前后后转来转去。

提纲要包括：

- 文章的中心冲突（故事的主题）。
- 次要冲突（构成中心冲突的诸多因素）。
- 支撑性的信息（相关的事实或数据）。
- 你的专栏文章想要表达什么主旨？

斯塔肖夫斯基用“排练”的技巧来判断你是否为动笔写作做好了准备。

“只须站在另一人面前把你打算要写的内容告诉他。不要别人给你提示，也不要偷看你的笔记本。如果你还不能直接从你的大脑里把故事讲清楚或者把问题讲明白，那么，你就还没有做好动笔的准备。”他说。

思路组织好了以后，草稿就准备好了，你已经准备在屏幕上动手术刀了。从哪儿开始下刀呢？下面给出了许多专栏作家的一些最常用的建议。

- 割掉冗余的文字。每个段落都应该建立在出现文章开头的、清楚陈述出来的前提上，而不是重复这个前提。
- 逐词审读全文以删除臃肿之处。
- 朗读能让你发现眼睛看不到的错误。
- 尽可能少用第一人称叙事，因为这会让读者分心。例如，可以裁剪掉“我认为”“我相信”“有时候我觉得”这样的话。
- 减少形容词。
- 动词既产生动感，也能表现情绪。描述性的动词要用主动语态。
- 陈词滥调听起来刺耳。创造新颖的表述方法。
- 俏皮话用得过多。
- 用清楚易懂的语言。2005年，在得克萨斯州举行的一场全国报纸专栏作家协会年会上，皮特•汉米尔说：“写作的最好方法是用一个好的、平实而具体的名词后面接一个主动形式的动词。”

杜绝语言的枯死病

汉米尔痛斥词语的误用，他称词语的误用是语言的一种“悄悄滋生的枯死病”。

“我把这称为impactism（影响主义）——这全怪不知是哪个混蛋最先把impact（影响）这个词当作动词来用。我想这来自政府，政府部门常常是最糟糕的语言的发源地。”汉米尔说。

他举出了一些语言使用的糟糕用例（括号里是正确的用法）：

Tasked to do something.（“Task是个名词，就应该用作名词。”汉米尔说。）

Transited，就像“he transited to Pakistan”。（“traveled”）

Referenced，例如he referenced to...（“referred”）

Exited，例如he exited the taxi and went across the street.（“我在布鲁克林长大，那时候，exit还是个名词。”汉米尔说。）

Proactive （“proactive和active有什么区别呢？什么区别也没有。”他说。）

完美的语言——可是，是对谁来说的呢？

作者追求用词精确，有些作者甚至是跑着追着要找到一个合适的词。威尔逊发现，跑步不仅能使肌肉放松，也能让最恰当的词语从脑子里蹦出来。

“为找到合适的词语，我会去跑步，然后，那个最恰当的词就会冒出来，于是我心想：‘哦，伙计，你在这里呢。刚才去哪里了呢？’”他说道。

可是，“完美”的词在别人看来不见得就完美。对于该选用哪个词，人们往往有不同的看法。崇高的语言是否会疏远读者？可是，难道作者不该用优美的表达来避免使专栏文章显得粗浅吗？

考虑一下汉米尔对专栏作家的如下忠告：“你不是要让你的读者变得更粗俗，而是要使他们更机智。我们绝不能为了讨好读者而降低我们写作的深度。”

然而，新泽西州的专栏作家格雷格·伦莫则回忆起某个编辑给他的建议，这条建议现在还在继续指导着他的工作。

“当时我用了tome（卷帙）这个词，而不是用thick book（大部头）这个说法。她提醒我说：‘不要让读者查字典。’她还告诉我说，人们读报纸主要是为了休闲。这样，我记住了她的话。”伦莫说。他是2002年艾美基金会主办的常规新闻竞赛的头奖获得者。

那该怎么办呢？应该致力于在个人风格和读者的轻松阅读之间找到平衡。要相信编辑的建议，因为他熟悉报纸的读者群，熟悉大众语言。

但是，不要把不落俗套的表达方式排除在外。有深度的陌生的词能激发读者的好奇心，促使他们进步。专栏作家应该打造正确的用法和语法，这也是读者接受的教育的一部分。

降低写作的水准来迎合读者是在帮倒忙。然而，过多的做作浮夸的词语串在一起也会令人生厌。（你抱一本重达5磅的词典做案头参考书试试。）因此，你应该寻求一种合理的平衡。

在自己修改文章时，如果能够得到别人的反馈意见，有没有用呢？

“不要把你的文章读给每一个你认识的人——人多嘴杂，人太多了，不同的意见就多了。找一个你对他的意见信得过的人。”贝克汉姆建议道。

砍削，裁剪，重写，换一种表达。其结果是会给读者端上一份营养丰富的滋补品。

“当一篇专栏文章被缩减为最浓缩的风味时，这种浓缩的写作会让专栏文章变成一份美味的‘汤品’。”加利福尼亚州的一个同时向多家报纸写稿的“自我辛迪加”专栏作家玛吉•范•奥斯特兰德说。

普利策奖获奖专栏文章的要素

毫无疑问，人生能提供的最好奖项就是使你有机会为一份值得你为之付出的工作而勤奋努力。

——西奥多·罗斯福

人们是如何评判、考量优秀的作品并认为它该得普利策奖的呢？波因特学院的系主任基思·伍兹曾两度担任普利策奖的评奖人，也是2003年专栏写作评审小组的组长，他和我们分享了他的看法。在普利策奖的评审者们从几百篇专栏文章中精心挑选出优胜者的过程中，伍兹积累了一个文章特点的清单，凭借这个单子就可以对最优秀的文章和最劣质的文章做出评判。

伍兹在波因特学院开设了写作、新闻报道、编辑、专栏写作、种族关系报道、伦理学以及多样性等课程。2004年，全国报纸专栏作家协会在新奥尔良市举办大会，他在会上做了一个“获奖专栏文章”的讲座，里面谈到了获奖专栏文章的一些特点。下面就是他在2006年修订过的讲座内容。

优秀的要素

入选的最好的专栏文章有10个共同的特点。获奖专栏文章的共同特点是：

1. 有强有力的声音
2. 有内容，给人启迪
3. 有明确的观点
4. 有起伏顿挫
5. 思路明晰
6. 讲述了一个好的故事
7. 即使是在批评，也能够公允
8. 展现出情绪上的波动
9. 引导出新的声音
10. 另辟蹊径

失分的方面

令评审员厌烦的文章，往往也有一些特点：

1. 文笔沉闷、乏味或粗俗
2. 作者喜欢用一些陈词滥调
3. 作者特别喜欢引用自己说过的话
4. 文章的声音太油滑、自鸣得意或轻浮
5. 文章写得过于专业，满是行话
6. 文章根本没有自己的观点
7. 专栏文章只不过是把作者大头照附在作者姓名旁的特写报道而已

获奖样文

下面的选段让我们看到实际获奖文章的特点是怎样的。下面选录的作者赢得了大多数新闻业的顶级奖项，好几个是普利策奖获得者。

优胜特征：强有力的声音，鲜明的观点，清晰的思路

用石刑处死女性的过程是这样的：你把她埋在土里，埋到脖子的高度。然后你用石块砸她的头。你可以想象，她的脸会慢慢地模糊，头盖骨一次又一次被砸碎。

——小列奥纳多·匹兹：《迈阿密先驱报》，普利策奖获奖作品，2004年

优胜特征：信息量大，富有启发性

她曾帮助2.4万名妇女治好了产科瘘管病——这种疾病在西方社会几乎无人知晓，但却给世界上最贫穷国家里的好几百万受害者带来了难以言说的可怕的痛苦。婴儿体形太大，而十几岁的产妇的骨盆太小从而难产时，往往就会导致产科瘘管病。

分娩时间持续几天而没有得到医生的帮助时，婴儿会夭折，这时，在小姑娘的膀胱、产道有时候还包括直肠之间，就留下连通的空洞。结果，女孩就会大小便失禁，尿液甚至是粪便就不住地顺着双腿滴淌。有时候她还会因为神经受损而变瘸。

得了产科瘘管病的妇女浑身恶臭，身后总是拖着一行尿迹。她们常常会被丈夫遗弃，被其他村民赶出村庄。

也许是因为西方人无法理解产科瘘管病有多么可怕（19世纪，就在如今曼哈顿的沃尔多夫阿斯托里亚酒店的位置建立了一所瘘管病医院，从那时候起，美国人一般就没有怎么受瘘管病的折磨了），也或许是因为瘘管病常和女性传统的传宗接代的角色相关，所以这个问题并没有引起妇女组织的关注。

但是，这些羞于启齿、沮丧无助、被驱赶出家园的妇女在这里的瘘管病医院获得了新生；和她们谈谈，你就能够意识到，没有比这更高尚的使命，而哈姆林医生就是我们这个时代的特蕾莎修女。

——尼克·克里斯托弗：《华盛顿邮报》，普利策奖获奖作品，2006年

优胜特征：好的故事，曲折有致

他登上飞机，给她发了一个短信……他告诉她说，他会在午饭前赶回来，并准备午饭，给她一个惊喜。

普拉萨纳注意到了他发出的短信，也注意到直播中的11号航班撞向世贸大楼的画面。那不可能是他，她想。那看起来就是一架小飞机，而不是一架大型的商用喷气式飞机。那不可能是他。他们有过这样的计划。

在惯常的闲谈中，库马尔曾提醒过普拉萨纳，说有临床医生可以帮上她。可是他知道她不会去看医生的。

“在印度，从文化的角度看来，为了那样的事去看医生会被认为是可耻的，就像是承认有什么东西不对劲一样。”库马尔说。

星期五下午，库马尔接到了南加州大学（USC）的同事的紧急电话。洛杉矶警方正在普拉萨纳居住的套房里，他们要库马尔立即赶过去。

在门口，有个警察问他是否可以帮忙辨认房间里一位年轻女性死者的身份。

“好的，当然可以。”他说，心里还抱着一丝希望。

普拉萨纳把绳子的一头扎在她丈夫曾经锻炼用的Nautilus健身设备上。没有任何征兆，也没有什么解释，她就这样结束了自己的生命；带着太多的悲痛，她已经无法承受这个已经冰冷的世界。

“我总是在想，我是不是遗漏了什么东西。”库马尔说，满脸的阴影。

他什么东西都没有遗漏。普拉萨纳表明了她自己只想做什么，然后就尾随丈夫而去，把没有止境的爱带到了一个没有尽头的世界。

——斯蒂夫·洛佩兹：《洛杉矶时报》，美国报纸编辑协会时评类获奖作品，2002年

优胜特征：另辟蹊径

验尸官说，他别无选择，只能称之为“他杀”。

他解释说，根据俄亥俄州的法律，除了“他杀”以外，对于死亡他只能选择意外死亡、自然死亡或自杀三种类别。他觉得这三种说法都不能充分说明纳撒尼尔·琼斯的死亡过程，也就是说，他是挨了辛辛那提市警察的警棍打击之后死的。

那些警察说，他们只是想控制住这位41岁的黑人。他们在一家快餐店的门外遇到这个黑人，发现他行为怪异，一边手舞足蹈，一边声嘶力竭地唱着不成曲的调子，后来还喜欢惹是生非。

11月30日的这次打人事件正好被警车上的摄像头捕获，该视频在电视上反复连续播放，进一步激化了当地种族间的紧张气氛；而这里种族间的紧张情绪本来就已经很激烈：两年前警察开枪打死了一名手无寸铁的黑人，引发了该市旷日持久的街头暴力。上周验尸官卡尔·帕洛特的结论似乎只是给最近的这场大火又浇了一桶汽油。

更重要的因素

验尸官特别强调说，这里“他杀”的说法并不意味着里面有“敌意或恶意”。他指出，琼斯下半身因警棍的打击而受到的只是一些表面的瘀伤。在确定他的死亡原因时，更为重要的事实是，他体重350磅，有心脏病和高血压，而且

还吸食了可卡因和“天使粉”。验尸官推定，本质上来说，琼斯之死是因为他的心脏不能发挥作用了。

尽管有这样的解释，辛辛那提市的警方对“他杀”的说法还是很愤怒。

另一方面，当地的活动家们说，验尸官关于“他杀”的判断支撑了他们所持有的观点，那就是，琼斯只不过是黑人遭受警察残酷对待的最新事例。

我可以理解他们的愤怒。可是，我的问题是，我还明白“天使粉”是什么东西。我曾在洛杉矶市居住过，那几年里，洛杉矶正是天使粉非法生产和使用的震中区。

天使粉即盐酸苯环己哌啶（phencyclidine hydrochloride，简称PCP），是一种动物用的镇静剂，俗称“天使粉”。我们还知道，服用了天使粉的人会在繁忙的交通枢纽跳裸舞，或者从摩天大楼上跳下，幻想自己能够飞翔。因为这种毒品可以让人处于一种狂暴、易怒的精神状态，同时又能使他们对疼痛不敏感，所以就给人留下如下印象，即服用了天使粉的人有时候好像拥有一种异常强大的力量。

危险的化合物

即使是对一个体重只有120磅的人来说，那也将是一种危险的化合物。考虑到这是在一个琼斯那样身材的人身上，这就为我们在视频上看到的形象提供了某个语境。它甚至会引导公正的观察者赋予警察一种在证据不足的情况下被假定为无罪的权利。

当然，在涉及警察和黑人时，很多人会说，警察绝对没有这样被假定为无罪的权利，因为，毫无疑问：警察都是种族主义者，警察是不公正的，警察没有把黑人的生命看得和白人一样重。这样就没有什么好说的了。

只不过，事实并非如此。尽管黑人确实有许多可靠的理由来不相信警察，但是，自动地假定每次警察和黑人相遇的时候警察都在渎职，这是错误的。这样做就是让好警察专注于自我保护（为保护自己而尽量不管黑人的事情），而且让坏警察没有任何改变的动力。更糟糕的是，这样的想法削弱了非洲裔美国人的道德权威，损害了他们致力于要提出的立场，使得愤怒变得好像并不是出于公义，而是一种条件反射。

他们所依据的事实恰恰不能让他们理所当然地把这个案例添加到警察不良行为的耻辱榜上。琼斯并不像罗德尼•金那样被警察打破了头。他没有像阿伯纳•路易玛那样被警察用手压泵捅了直肠。他也没有像阿玛度·迪亚罗那样在被盘问时由于伸手去掏钱包而被射中41枪，在大门口被射杀。最终分析起来，他是一个胖得有点病态的心脏病患者，有高血压，却选择服用可卡因，服用天使粉，而且在毒品的作用下，选择要与警察决一雌雄。

因此，就我的立场看来，我别无办法，只能做出一个和验尸官大不相同的结论。我的结论就是：纳撒尼尔·琼斯是自杀身亡。

——小列奥纳多·匹兹：《迈阿密先驱报》，普利策奖获奖作品，2004年

专栏作家是怎样炼成的

《迈阿密先驱报》的小列奥纳多·匹兹是一个全国辛迪加专栏作家，2004年，他获得普利策奖。2002年，他因为在9月11日发表的专栏文章《我们将从这里前行》而被全国报纸专栏作家协会授予“年度专栏作家”的称号。

2002年，在全国报纸专栏作家协会于匹兹堡举行大会之前，匹兹分享了关于如何做一个专栏作家的心得。

我想讲几分钟时间，谈谈我是如何走到现在这个位置的。必须郑重声明，我刚从大学毕业的时候——瞧，那是好多好多年前了——我开始并不是做专栏作家的。事实上，当时我对自己的职业做好了规划，如果你当时要我把我的规划给你写出来，你会发现，那页纸上面根本没有“专栏作家”这一项。大学毕业后的第一个星期一，我开始上班，在SOUL报社做助理编辑。SOUL是一家面向全国发行的黑人娱乐报纸。我打算在这里做正好两年的音乐评论人，在此期间同时写作我理想中的某部

“伟大的美国小说”。

朋友们，当时我脑子里有这么一本书……它会使你笑，使你哭，使你喘不过气来。而这还只是目录呢。我跟你们说，这本书将是如此威力巨大，它将改变人生，令图书馆的管理员都流泪，令教师们为我写十四行诗，美丽的女郎会在街上把我拦下，祈求我做她们孩子的父亲。

因此，有一天我一觉醒来，那本“伟大的美国小说”已经写到大概是第10稿的样子了，我意识到，我只不过是成功地耗费了18年时间写关于流行音乐的话题——你们可以想象，意识到这一点令我感到多么惊讶。那可是18年啊，在摇滚明星洛德·斯图亚特下榻的酒店豪华套间里采访他，采访之后就在四周闲逛，希望什么时候可以能看到名模雷切尔·亨特会走进酒店。几乎20年里我都在问玛丽亚·凯莉的下一个行程是去哪里，即使我唯一真正想看到的她的行程是地狱深处。我几乎花了一半的生命都在试图用一种比较好的方式告诉巴里·怀特——这个超过6英尺、几乎有300磅重的巴里·怀特——他的新专辑很令人讨厌。

18年。我开始写音乐评论的时候，迈克尔·杰克逊的皮肤还是黑的，拉普（饶舌）音乐还只是人们在收到圣诞礼物时的自然反应。18年！这大体相当于巴里·曼尼洛[1]和史努普 · 道格[2]之间的距离。你试过从史努普·道格走到巴里·曼尼洛吗？从“rollin' down the street smokin' endo sipping on gin and juice”[3]唱到“I write the songs that make the whole world sing”[4]试试？这样的话，你会感受到一种遭受鞭刑的痛楚。

于是，不可避免地到了这样一个时刻：我意识到自己再也没有做这份工作的激情了。事实上，我可以告诉你们那个确切的时刻。那是1993年爱尔兰都柏林摇滚乐队U2的演唱会，当时我和妻子坐在迈阿密市乔·罗比体育馆的第四排座位上——那可是我听各种音乐会的经历中坐的最好座位之一。灯光暗下来，乐队开

[1]巴里·曼尼洛（Barry Manilow，1943— ）是美国著名歌手兼词曲作者。1977年获得特别托尼奖，此外还多次捧得格莱美奖和艾美奖。

[2]史努普·道格（Snoop Doggy Dogg，1971— ）是美国著名说唱歌手，被称为“美国殿堂级说唱天王、西海岸饶舌教父”。

[3]这是史努普·道格的歌曲《杜松子酒和饮料》中的歌词，美国1994年MTV年鉴歌曲。歌词意思是：“大街上逛荡，抽着烟，喝着烈酒，灌着饮料。”这首歌具有典型的嘻哈风格。

[4]这是巴里·曼尼洛的“I Write the Songs”中的歌词，意思是“我写让全世界歌唱的歌曲”。该歌歌词是“软摇滚”的代表。

始演奏，我站起来，手里拿着笔记本，不断调整着笔的书写姿势。

就在这个时候，从体育馆后面传来震天的吼叫声，人浪冲了下来，年轻人把任何碰巧挡在他们路上的老东西击倒在地。不幸的是，我正好是挡在了他们的路上，而且是个老家伙。最终挣扎着得以站起来的那个人已经和刚才那个站在那里的我有了根本的不同。这个人捡起笔记本，拉着妻子离开了，把他一辈子坐过的最好的音乐会座位留在了背后，退到一个相对孤独的、距离中央最远的高处的区域看完了剩余的节目。

此后不久，我就去找我的编辑，告诉他我再也不想做音乐评论人了。他问我想干什么，我说或许我会做一个专栏作家。他叫我写了两篇样本。我提交了新闻史上最糟糕的两篇专栏文章的样品给他。然而，不管怎样，他还是让我从事专栏写作了。

过去8年，我都在努力学习怎样写好专栏。在这个过程中，我曾和各式各样的人斗争：和伊斯兰民族组织以及联盟之子组织斗，与狂热的左派分子以及自我标榜为一贯正确的右派斗，和单亲妈妈斗，也和没有责任心的爸爸斗，还和比尔•克林顿、乔治•W. 布什、席琳•迪翁等等的粉丝们斗。在这个过程中，我对自己也有所发现，我得知自己很顽固。白人、拉美裔、阿拉伯人、同性恋、犹太人、女人等等，我都不反对。但是我忍受不了愚蠢的人。然而，可悲的真相是，我们生活在一个满是傻瓜的世界。

当然，愚蠢有两个类型。第一类愚蠢你也可以称之为“荷马•辛普森[1]式愚蠢”。这是那些什么事理都不明白的人的愚蠢。他们根本不知道格兰特墓里埋的是谁；即使你用枪指着他们的脑袋，他也不能告诉你1812年的战争是在哪一年发生的。他们发现克里奥女士[2]并不是一个具有预见未来能力的牙买加灵媒时，真的会觉得吃惊。

但是，还有另一类愚蠢，即内心冷酷、思维封闭的愚蠢。这是一种下劣的愚蠢，丑陋的愚蠢，是杀死了詹姆斯•伯德[3]并把马修•谢菲德[4]折磨死的那些人的

[1]荷马·辛普森是美国很受欢迎的电视剧《辛普森一家》中的角色。

[2]克里奥女士（Miss Cleo）是20世纪末21世纪初美国深夜商业信息电视节目的明星，自称是牙买加来的灵媒，可以预见未来，让观众打一个900开头的收费音讯电话以便得知自己未来的信息。

[3]詹姆斯·伯德（James Byrd, Jr.，1949—1998）是个美国黑人，1998年6月7日在得克萨斯州贾斯珀市被三名白人种族至上分子用皮卡车在沥青路上拖行3英里，最后撞击在涵洞边上，右手和脑袋被切掉。

[4]马修·谢菲德（Matthew Wayne Shepard，1976—1998）是美国怀俄明大学的学生，1998年10月6日夜在怀俄明州拉勒米市遇袭，12日伤重不治。他遇袭的原因据称是因为他是个同性恋。

愚蠢，是一心追逐那些最下贱、最令其沾沾自喜、最使之自我满足的事物的那些人的愚蠢。这是一种令人恐惧、恶心并持久的愚蠢。

正是这一类愚蠢让我觉得做一个专栏作家很幸福。

几个月前在斯克利普斯-霍华德颁奖宴会上就发生了件好笑的事。在接受奖品的时候，一位记者充满感情地说，她的职业是新闻出版业中最好的。自然，这就确定了后面每一个登台领奖的人都会花一点时间来争辩说：不，事实上，他们的职业才是新闻编辑室里最好的职业。编辑、评论员、漫画家以及其他一些职业的人都走上领奖台声称他们的工作是最好的。

轮到我了，我没有加入他们的争辩。我看不出有什么必要说一些在我看来是显而易见的话来打碎他们的幻觉。这是已经判决、结案的事，根本不用再辩：写专栏的人拥有的才是整个报纸行业最好的工作。如果你不同意这一点，那么我得告诉你，或许你的看法并不公允。

正如我曾经在某个不那么客气的时候对某个讨厌的读者所说的那样，“人人都有自己的看法，我们之间的区别就在于，碰巧我的看法可以挣钱”。

想想这一点吧。我们因为拥有某样所有人都有的东西而得到报酬。此外，最妙不过的是，我们得到了某样所有人都想要的东西：声音、话筒——被别人听到的能力。

这是我如今比以往任何时候都更看重的东西。我肯定，到现在为止，你们一定听说过，从去年的9月11日以来，整个世界都改变了。从那时起到现在已经过去了9个月，这9个月里，这一说法确已成为陈词滥调，但这丝毫没有动摇上述看法的正确性。由于狂热分子驾驶三架劫持来的飞机撞上了标志性的办公大楼，还劫持了第四架飞机撞上了地面，我们的生活和感知全都发生了根本的变化。此后的一切都已经变了，有时候变化很微弱，有时候则很显著。我们生活在那两座不复存在的大楼的阴影里。这包括我们怀抱的梦想、珍爱的家庭、观看的电影以及阅读的书籍。它还包括我们从事的工作，或许尤其是我们所做的工作。

在座的你们和我都因情绪激动而书写、发表意见、慷慨陈词、批评、嘲讽、分析以及在报纸上填补栏寸等而得到报酬。或许你写的是当下重大的社会政治话题，或许你写的是家庭琐事或好莱坞的八卦新闻，或许你写的是关于园艺的诀窍或建议……这都不要紧。从“9·11”以来，我们都在写着同一个故事的不同方面。

这个故事要求我们愿意并且有能力领着我们的读者超越那种不经过思考就做出反应的阶段，使他们不再只能有些表层的思考。不幸的是，做出不经思考的下意识的反应以及只能做表层的思考，这样的倾向似乎常常成为兜售观点的我们这些专栏作家和那些我们向他们兜售观点的读者的共同特点。

有人说过——我忘记是谁说的了——没有人可以被允许持有不是经过自己认真努力而得到的观点。这句话的意思是，对于某个给定的话题，不管你持有怎样的看法，你都应该可以解释出你是怎样得到这样的结论和看法的，你的结论依据的是什么理由或逻辑。你应该能够为你的信仰辩护，反驳反对你的观点；如果你发现自己做不到这一点，你就应该反思你的观点和结论。

在我看来，这些并非是不合理的要求。然而，根据我的经验，大多数人都做不到这些。大多数人是因为自己一贯相信某事而相信它。你问他们为什么，他们会回答说："这只是我的看法而已，我有权坚持我的看法。"

你当然有这样的权力。但是，在我看来，这个权力似乎应该和能够捍卫自己的看法的道德义务相结合才完善。因为，不可讳言，你的想法和观点并不仅仅是你和你的良知之间的问题，它还反映了你是谁、是什么样的人。在更大意义上，它还反映了作为一个自由社会的我们是谁、是什么的问题。我们的想法和观念决定了我们投票选举的方式，决定了我们支持什么样的事业，决定了我们怎样塑造这个世界。

这就意味着，批判性思考的能力，即衡量轻重、判断正误、逻辑推理以及做出决断的能力，是我们文化的基本建筑材料。但是，我们中有那么多人，包括很多高级官员，并没有这种能力。他们宁可选择做智识上的懒汉、道德上的野人，他们就像警告哥伦布不要驾船驶过地球边界的贤哲一样在自己那漠不关心和熟视无睹的狭小宇宙里自鸣得意，心满意足。

有时，人们问我："你是自由派的还是保守派的？"我总是回答说"是"。这是因为，当有人问我要一个标签以便给我的思想做标记的时候，我觉得，任何一种能够用便捷的标签纸表示的世界观很可能并不是一种怎么完整的世界观。我们寻求贴标签的简单性，但是，世界比这要复杂，要求我们有比简单地贴标签更开放的思想和更大度的心胸。

我们之中那些以在观点中遨游谋生的人并不向我们的读者提出挑战，让他们明白这一点，这种情形太多了。反过来，我们交给读者一张标签纸，以令人麻木的可预见性确认了他们支持或反对的偏见，却从不推动他们也不推动我们自己做进一步的思考。我们从来没有要求他们做思维的健身操，也没有让他们做智识和情绪上的举重训练，而这样的训练对于分析、反省、从别的角度看待问题等都必不可少。我们搭起一个稻草人然后把它击倒，画一幅讽刺漫画，然后在上面画上胡子。

每次我坐在桌前写一周两次的批评文章时，我都觉得自己必须要付出努力才有权力持有自己的观点；而且我还有一种欲望去鞭策我的读者，直到他们感觉他们也必须要努力争取持有自己观点的权力。

就以学校暴力这个问题为例。最近几年里，在科罗拉多州的立托顿市、肯塔基州的西帕迪尤卡市、俄勒冈州的斯普林菲尔德市、密西西比州的珍珠市、佐治亚州的康耶斯市、阿肯色州的琼斯波罗市、宾夕法尼亚州的爱丁堡等地，我们都看到了校园枪击案。

对这个问题，我们应该做出怎样的反应呢？如果统计数据显示，校园枪击案实际上已经降到了历史的低点，那么，我们是否应该感到宽慰？我们是否应该采取零容忍政策，即使这样的政策意味着，要是发现哪位学生在书包里带了一把指甲钳，他也应该被驱逐出校？我们是否应该取缔暴力视频游戏，禁止反社会的音乐？或者说我们是否应该禁止私人拥有枪支？你的观点是什么？你为什么这样认为呢？

还有，同性恋的权利你怎么看？可以允许同性情侣结婚吗？他们的结合能得到法律的承认吗？如果答案是肯定的，那我们是否是在认同道德的堕落？如果答案是否定的，那么，如果有人因为其终身伴侣得了重大疾病想要做出有关医保的决定时，我们是否是在占他的便宜？可以允许同性恋者收养孩子吗？可以允许他们在教堂礼拜吗？可以允许他们以公开的身份参军吗？你的观点是什么？你为什么这样认为呢？

还有，种族问题你怎么看？这是美国历史上最大的伤口，该如何弥合？“平权法案[1]”公平吗？这是否是对白人的歧视呢？这是否是对作为美国根基的“所有人都自由、正义”的原则的背叛？或者说，这只是应对种族主义产生的种种障

[1]平权法案（Affirmative Action）指联邦政府和州政府在法律上要求的平等机会，以防止在招生、就业中根据“肤色、宗教、性别或民族出身”对申请人的歧视。

碍结果的必要手段——就像给使用轮椅的人以优先停车的待遇一样？如果是这样的话，那么，一个鼓励黑人把自己看作是残疾人的社会是不是真的就会对黑人更有利？你的观点是什么？你为什么这样认为呢？

如果我们都学会对这些问题做出深入的而不是表面上的思考，或许对于恐怖主义的问题，我们也都能够同样处理，我们也可以鼓励我们的读者同样地深入思考。

这里提出的问题对我们大多数人来说都是新的，比我们过去整整一代人所面临的任何问题都更令人恐惧，更紧迫。我们可以通过轰炸回到原先的那种安全感吗？认为可以通过谈判得到安全感，现实吗？我们的错误究竟是选择了错误的朋友还是低估了错误的敌人？我们能否在做一切必须做的事情的同时，还能够保持我们的本来面目？或者说，“我们究竟是谁”这个问题本身就是问题的基本内容之一？你的观点是什么？你为什么这样认为呢？

实际上，我更关注的是“我们在思考”，而不是“我们思考了什么”。我们该鼓励我们的读者也一样地思考。

世界错综复杂，它满是难题、道德调和以及超越道德的权宜之策。你被允许使用第一人称（我的编辑过去曾称第一人称代词“I”为“竖立的人称代词”），并在你的名字边上贴一张小小的大头照的代价是，你应该能够提供相应的语境，提供自己的视角，使你的话言之成理。或者，你应该在他们试图自己做出理解的时候给他们安慰和愉悦。

我还是要说，这是新闻业里最好的工作。但是，这也是新闻业界最苛求的工作之一。尤其是在当今这个充满不确定性和恐惧的时代，它给我们的感觉与1938年的时候人们的感觉一定没有什么不同。这种感觉，总之，就是“不祥”。你可以看到乌云在堆积，电光在乌云背后闪烁。风在越来越强劲，你能闻到大雨即将来临的气息，你知道，你知道，你就是知道，前面一定有悲剧降临。在天空晴朗起来以前，我们将会看到一场暴风雨。

你们和我都不扛枪，不用拉消防水带，不用在肩上佩戴消防徽章，不制定政策，也不参与谈判。但是同样地，我们也在这里发挥着作用，因为，重要的一点是要让读者发现他们期望的那些人正处在他们期望的职位上如他们期望的那样尽职尽责；在一个如此多我们期望的事情都被弄得乱七八糟的时候，他们期望这些人能够做好这些工作。

他们读报纸上你们的专栏以及报纸上我的专栏，就想知道一件事：你的观点是什么？你为什么这样认为？

把你们获得的答案告诉他们。

——小列奥纳多·匹兹

【经许可转载于此】

第二编

专题专栏

幽默专栏作家

“你是个内科医生，”我善意地指出，“而不是脑外科医生或别的专科医生。”

“而你是个幽默专栏作家。”她回击说。

“你恰恰证明了我的观点，”我得意地说，“幽默专栏作家在某种程度上就是用写作来动脑外科手术的。”

——W. 布鲁斯·卡麦隆

如果笑声可以缓解生理上的疼痛，那么，厄马·邦贝克、艾特·布赫瓦尔德、大卫·巴里就是我们这个时代几个最好的医生了。当然，一般来说，幽默专栏作家的收入没有医生的收入高，但是，尽管极有可能生活拮据，他们还是坚持着。很多人声称是DNA排序出错了，说他们在这个问题上别无选择。

“这就是我所做的一切。除此以外，我还能做什么呢？”艾特·布赫瓦尔德说。

大卫·巴里常常被问及他的幽默感从何而来——好像知道答案就有可能掀起一股奔向源头的淘金热似的。

“谁知道幽默感是从哪儿来？没有人知道。我想我的幽默感是我妈妈给我的。她让我想起了厄马·邦贝克。她是个20世纪50年代的家庭主妇，只不过她肤色较黑而且脾气比较急躁。”在2006年的厄马·邦贝克作家研讨会上，巴里这样说道。

厄马·邦贝克于1996年去世，享年69岁。在她去世前，她的家庭幽默专栏在700多家报纸上刊登。她是否曾经准确描述过成功幽默的核心是什么呢？

“她不想讨论这个话题。坐下来对幽默加以分析对提升幽默能力毫无帮助。”她的丈夫比尔•邦贝克说。

然而，早在1982年，厄马•邦贝克就曾在戴顿大学给出了如下建议：“写作幽默作品时，唯一重要的事情是，你要足够接近事物的真相以与别人产生共鸣，同时又要与真相保持足够的距离以免得罪别人。”

为什么要有趣?

根据一项对全国报纸专栏作家协会专栏作家的调查，领取薪水的报纸专栏作家只占了幽默作家的小部分。相对地，写作幽默文章的更多的是自由职业作家。（或许这意味着，伙计，如果你生活窘迫也能保持欢笑，那你就真正活出了自我！）

那么，放在这些驴子眼前的胡萝卜是什么呢？同行的伙伴指出，这就是爱——要么是付出爱，要么是得到爱。

对我来说，我喜欢幽默提供的安全港湾。我们都会掩藏伤痕，构建围墙，穿上伪装（这些对自由意志的运用多么可怜！），因此，幽默是一种揭开我们面纱的方式。

邦贝克笔下有种后方支前活动所展现出来的极度狂欢，读者对此认同，她很喜欢这一点。

“幽默作家都有一些共同之处。我们会把带有自己隐私的个人生活的一部分拿出来和读者分享，而很少有别的作家会是这样的。”1982年她在戴顿大学这样说过。

在50多年里，读者的喜爱为布赫瓦尔德的政治讽刺文章添加了燃料。他的幽默切中要害却又全无恶意，对夸夸其谈的政客和时事予以猛烈的抨击。他小时候在寄养家庭里长大，过得并不开心。他发现他的滑稽动作往往能够得到别人正面的关注，这直接影响了他后来的职业生涯。

“我发现我可以把学校的孩子们逗笑，这是我得到爱的方式。”布赫瓦尔德说。

获奖作家W.布鲁斯•卡麦隆喜欢书面语言带来的挑战。他的幽默专栏文章通过“创造者辛迪加”同时由多家报纸发表，他在《纽约时报》上刊载的畅销书《和我那青春期女儿约会的8条简单原则》被改编成一部成功的电视连续剧，随后他又出版了他的第二部书《如何重新塑造一个男人》。

卡麦隆说："我不是一开始就写幽默作品的，我本来是想成为下一个'伟大的美国小说作家'。我很严肃地看待书写的文字，即使是我想要显得有趣的时候也是这样。当我写下什么东西时，我会关注这个句子是如何精心打造的。讲笑话是有内在节奏的，有些词语很滑稽，有些话题怎么都不会滑稽，因此，一旦动笔，技巧就占据着主导地位。我被驱使着尽可能艺术地把这一切表达出来。"

杰瑞·泽兹玛是康涅狄格州《斯坦福倡导者报》和《洛杉矶时报-华盛顿邮报》新闻社的专栏作家。他说，写幽默文章是因为你热爱这样做。他做了20多年的幽默作家，是全国报纸专栏作家协会2006年年度奖的获得者。

"你的首要职责是写一些你认为滑稽有趣的东西，而不用担心任何别的人会怎么看。你的第二个职责就是考虑所有别的人的想法，这才是幽默写作如此困难的原因所在。你的最后一个职责是要开心，要自认为运气超好，因为你在做着你自己热爱的事业，要是你做得好，这个事业还能帮助你喂饱你的孩子们——你的孩子可是很自私地一个劲吃个不停的。"泽兹玛说。

开玩笑是一项工作

读者以为幽默专栏作家就是在鸡尾酒宴会上纵声狂笑，草草写几个笔记，然后就大功告成：明天早上第10页见！可更多的情形是，向缪斯女神发出呼唤，得到的却是从山谷传来空洞的回音。

巴里赢得过1988年普利策评论奖，他的专栏通过辛迪加在500家报纸上刊载。

"我不太相信灵感的说法，这完全是体力活。"他在2006年的厄马·邦贝克作家研讨会上这样说道。

每天巴里起床后都必定无疑地要写作。他建议确立一个每天要完成的字数目标。比如说每天写1000个词，这样一年下来就是36.5万个单词，相当于一本厚书的容量了。巴里共出版了20多本著作，他对此应当是深有体会的。

不要指望每天都会感到有趣、好玩，因为幽默写作和任何别的工作都是一样的。不管是离婚还是情绪低落，你的文章内容最好都要充满活力和趣味。不要因为你家里的宠物狗死了就指望截稿的最后期限可以延期。要记住，你是专业作家。

罗伊德·贾维尔是为www.cbsnews.com在线写作的幽默专栏和运动专栏作家，

也是《芝麻街》《家庭纽带》《弗雷泽》等电视节目的喜剧作家。他说，纪律性是区分职业幽默作家和某个天生具有高超幽默感的人的标志。

“专业作家很可能每天都要写作，而且肯定每周要写很多天。感觉没有趣味，这并不是不写作的借口。即使你得一直琢磨到凌晨3点钟，即使这意味着你必须要放弃生活中其他一些重要的事情，那么，你也要使你的这个专栏有趣。你是否有写作的欲望这个问题根本就不存在。这是工作，是义务，你要做好它。”他说。

寻找有趣的素材

那么，不同的专栏作家在最后交稿时间临近时，是如何创造材料的呢？

对我来说，“寻找素材”是经验性的，比如试着去唱卡拉OK，或者加入那疯狂的圣诞购物队伍，参加早晨5点举办的特别优惠打折热购活动。对话能够激发特别的灵感。在超市听来的一句讽刺性的妙评可以让我展开成一篇完整的专栏文章。

泽兹玛则发现每天的日常生活快乐无比。

“最好的素材就在你的鼻子底下，常常就在你自己的家里。你不需要去任何地方，不过，如果你想要开车出去走走的话，那就尽管去。”

卡麦隆的故事是真实生活的讽刺画。这位2006年罗伯特·本奇利最佳幽默家奖和2006年全国报纸专栏作家协会的最佳幽默专栏作家奖获得者必须得不断创造观点。

“只是慢慢地我才认识到，并非所有人都有像我一样的头脑。我想，这倒也不错，否则我们很可能就永远都发明不了蒸汽机和电灯泡，也出不了布兰妮·斯皮尔斯这样的人。但是，在别人都专注于有用的追求时，我的大脑里满是故事，既有视觉上的，也有文字上的。就好像我的大脑是一个多厅剧院和纽约中央车站的结合体。我要么就在想象中看到一场电影，要么就听到笑话的碎片在耳边低声响起，而要把这样的电影和笑话表达出来，我只有把它们写下来。”卡麦隆说。

布赫瓦尔德是论坛报传媒服务公司的辛迪加签约作家，1982年获得普利策评论奖，曾出版过34部书。2006年，美国全国报纸专栏作家协会授予他厄尼·派尔终身成就奖。

布赫瓦尔德的谋生之道是写出具有引用价值的话。他曾总结过他那风靡全球的吸引力之所在：“我说的是读者想说的话，我替他们说了出来。”

当！——他让事情看起来很容易。

> 税务改革就是，以前征过税的东西，不再征税，而以前没有征过税的东西，要征税。
>
> 我一直就想进军政坛，但是我从来都没有轻浮到要组建团队的程度。
>
> 每次你以为电视节目已经烂到不能再烂的时候，新的电视节目出来了，这使你忍不住想，你认为的最烂的电视节目究竟在哪里。
>
> 人们都是心胸开阔的。他们能够接受有人酗酒、吸毒、打老婆甚至是当记者，但是，要是有人竟然不会开车，那这个人一定有问题。

布赫瓦尔德形成观点的过程很简单。他读报纸标题，于是从来就不缺新的想法。

“我认为这个世界、这个国家比以往要疯狂得多。我们都在一个疯人院里往外张望。材料数不胜数。”他说。

幽默文章的处理

布赫瓦尔德的专栏文章平均在大约500个词。他曾用同样简洁的语言谈到他的写作过程。

“每个词都重要。开头需要引起读者的兴趣，你必须得很快进入正题。比如说，我在谈论汽油价格太高的事，这用两三个句子就行。然后就是文章的中间和结尾了。最后一句一定要很有趣。”

布赫瓦尔德说，幽默文章是最难写的一种文章。

我往前探过身去，靠他更近一点，问：“那么，根据您的经验，要想写得有趣，有什么诀窍呢？”

这位史上幽默专栏开得最久的作家说：“我不知道。”

格式

对这个问题提出了一些看法的是获奖专栏作家提姆·比特。

提姆·比特是《当初没有尿布》一书的作者，他写了无数有关育儿的文章。他是俄亥俄州代顿大学主办的厄马·邦贝克作家研讨会项目主持人，该研讨会共有5000名幽默作家参加，每两年举办一次，目的是教授、鼓励幽默写作和富有人情味的写作。

根据比特的说法，你需要一个结构，一个支架。在这个结构或支架上，你再挂上幽默写作的肌肉，使之丰满。格式提供了随时可供使用的概念，还可以提高写作的速度，增加产出。他的观点最初发表在《作家文摘》杂志上。

“幽默作品包含三个基本的部分：话题、格式以及独特的笑料。许多作家直接从话题（比如说情人节礼物）转到独特的笑料（比如说，我给妻子买了一个吸尘器作情人节礼物，结果妻子说吸尘器‘抽’得厉害[1]），而不考虑格式如何。结果，这常常会形成一串笑料，它们与其说是构成了一篇连贯的印出来的文章，倒不如说更像是供单口相声表演的笑话清单。格式可以提供一个起点，一个可以把话题和笑料结合起来的框架。”他建议说。

比特列出了五种不同的格式，并用情人节的话题展示如何运用这些格式。

日记体格式——这个格式提供一个按时间顺序展开的结构（比如说“第一天”“第二天”），从第一条到最后一条，夸张程度不断提升。例如：连续五年里，情人节礼物的价格逐年提高，却一个比一个糟糕。

忠告体格式——这个格式仿造知心大姐那种“亲爱的艾比”的风格，一问一答，都由作者杜撰。例如：“什么样的礼物才会让我的妻子知道我爱她？是送她一个电钻机呢还是一台推台锯呢？”

“怎样才不”格式——例如“找到最糟糕的情人节礼物的十个步骤”，或者“我是怎样做到连续三年都忘记情人节的”。

模仿采访格式——例如：采访那位因购买最糟糕的情人节礼物而保持吉尼斯世界纪录的人。

小测试格式——例如：你会进狗窝吗？或者是：怎样知道你的爱人是否讨厌你选的礼物？

比特建议，幽默作家可以多读读非幽默文章，注意留心其文章格式可以怎样

[1]原文She said it sucked. sucked有“抽吸”之意，也有“糟糕透顶”之意，可以双关理解。汉语“抽”既有“抽吸”之意，也可以理解为“抽筋、发疯”。

用于幽默文章的写作，从而获得新的格式。

“用不同的格式展开话题的过程可以提供整篇文章的写作概念。关键是心中要有整篇文章的结构——你并不是在寻找一个个具体的笑料。”他说。

大卫·巴里的忠告

大卫·巴里使用幽默格式吗？

下面是他的电子邮件回复。在这个邮件里，他喜剧性地自问自答：

> 有时候我会使用问答格式。
>
> 问：为什么呢？
>
> 答：因为这样不用写很多字就可以占很多空间了。
>
> 问：就像这样吗？
>
> 答：正是。

2007年在费城举办的全国报纸专栏作家协会的一次会上，巴里大师亲自和大家分享了他的有关趣味的一些基本要义：

- 要有趣。
- 使用笑料。
- 一有可能，就写上weasel（逃避，黄鼠狼）这个词。

乍看起来，这几条没有什么了不起，但是，巴里的讲座内容确为他的强项所在。幽默写作只是看起来不费劲罢了。

首先，要使写下的内容“有趣”需要付出努力，需要专注于写作。按照巴里的说法，事实上，大多数幽默作家并不是那么有趣的人，因为他们不能让他发笑。他读过无数样文，很多文章都是用一种“幽默的调子”写作的，或者说它们“有意思”，但是很少有文章能够成功地达到令人大笑的高度。

要达到这个巍峨的顶峰，你得有笑料。

自己觉得好笑，这还不是幽默。按照巴里的说法，写作幽默文章，难就难在糅入笑料。他说：“这可不是个灵感涌现的过程。”

巴里展示了他自己创作过程的幕后机密。看起来我们读到的那些自然流露的幽默内容实则包含了好几个小时的奋斗和努力，得知这一点，我们感到宽慰。巴里不会一开始就把整篇幽默专栏文章的初稿一口气写完。他从一个观念或想法开始，花一两个小时草写文章的开头的句子，目的是让人觉得好笑。

“行文要很快让人觉得有趣。”他说（即便要达到这样的效果需要花好几个小时）。

他只有在对文章的导语也就是开头部分满意后，才会继续写其他部分内容。其文章常常是用笑料构建起来的，而且巴里会花很多时间草写、修改文章的每个部分。

平庸的幽默缺乏那种出人意料的元素，他鼓励幽默作家避免那种直线型的写作，尽量创造出出人意料的效果来。

“出人意料比意料中的幽默要好。”他说。

他用乘坐飞机旅行作例子。人人都讨厌长长的安检队伍，讨厌办理机场手续带来的压力。如果是写旅游方面的文章，大多数读者都会预计读到一篇按照旅行时遇到的种种不便以及颠三倒四的混乱局面写成的文章。因此，要给读者带来一些意外。

“不写你是多么讨厌安检，而是试图写你有多么喜欢安检。”巴里说。

一个人们常常没有用到的创造幽默的方法是实际上的亲身经历。走出去寻找有趣的场景，或者创造这样的场景。

“要去做事而不是想事。”巴里说。

有一次，巴里借了一部大型维纳轿车去学校接儿子。后来他把车子开到一家二手车店，想换一台小一点的车型。事实常常比虚构的小说更加离奇，可以成为很好的有趣的专栏素材。

巴里常常让读者参与他的写作。尊重读者的智力，尊重他们对幽默的理解能力。

“不要把他们当作疯子或傻瓜。”他说。

话虽是这样说，可是，如果有些完全没有幽默细胞的人照字面理解你的话，你也不用吃惊。巴里曾经说尼尔·戴蒙德并非世上最伟大的歌词作者，并说戴蒙德的歌词很粗糙，他举了下面的歌词为例：I am，I said/ To no one there/ And no one heard at all/ Not even the chair.[1]结果他收到了一波又一波表达愤怒的邮件。

可是，即使是要穿越成堆的骂“你这傻瓜”的邮件，好的幽默专栏作家也总能成功地达到自己的终点。

说到文章的终点，谨记，妙语应该是文章最好的，也是最后的部分。作者不知道该何时结束的事发生得太多了。

“最有趣的部分放在文章的结尾处，此后就不要再写了。”巴里说。

在动身去赶由费城出发的飞机以前还有一点时间，他回答了听众提出的几个问题，当时我是最后一个举手被他点中的提问者。这可是我的机会，我想要得到关于如何有趣的严肃的答案。

我问道：“你对以成见为基础的幽默怎么看呢？”

“让一个女人来问这样的问题！”巴里说。[2]

他赶飞机走了。

是什么这样有趣?

喜剧的核心要素是出人意料。泽兹玛总结出让读者保持高度兴趣的两个常用方法。

“一个办法是使用某个意想不到的东西，比如说笑话中的妙语。它能出乎你的意料。

“另一个办法则截然相反，它使用某种普通的事物。你可以在其中看到你自己的存在，并为其熟视无睹而觉得好笑。”泽兹玛说。

让读者随场景的揭开而发现其有趣之处。没有人喜欢别人告诉他说是什么什么地方好笑。要是欢笑之城的居民读到下面这样的句子，整个城市都会鸦雀无声的：“馅饼打中了他的脸，有趣极了。”这样还有趣吗？

[1]尼尔·戴蒙德（Neil Diamond，1941—）1971年发行的单曲“I am... I said”描写了词人夹在东（出生地所在的纽约）、西（生活所在的洛杉矶）两个世界里不确定的身份意识，轰动一时。这里引文的意思是：“我如今是，我说过/不曾对那里的任何人/根本无人听见/即使是椅子。”

[2]成见（stereotype）是一个心理学术语，本指人们“类型化”地认识事物的思维方式，与“偏见、歧视”等概念具有相关性。文中，作者（女性）问巴里有关“成见”的问题，而巴里的回答本身就包含了对女性的成见，因而这个问答具备某种戏谑性幽默色彩。

那句精炼有力的古老格言说得不错："展示，但别道破。"

把读者重重地推一把，让他亲自感受那块馅饼飞起来的刹那。瞄一眼开玩笑的家伙，听听馅饼飞在空中的呜呜声，感受奶油冻"啪"地炸开。馅饼的外壳是不是有种肉桂的香味？咿呀，那味道尝起来有点像剃须膏！

如果说爱情小说作家让人"火苗腾腾"，那么，幽默作家就令人"瘙痒难当"。暗喻、明喻有助于激发文章的幽默感。

这里简单地提一下：暗喻通过唤起一件事物的形象来描写某个与之完全不同的事物。明喻通过喻词"像/如同……一样"在两个不同的形象之间画等号。

与滑稽说笑节目不同，幽默专栏文章不能是喷射俏皮话的机关枪。和电影不同，专栏文章没法运用视觉笑点、面部表情或手势。因此，可以使用明喻和暗喻来给喜剧情节着色。下面是一些例子。

> 禁止《了不起的盖茨比》和《杀死一只知更鸟》这样的图书，就像是因为森林里有棵树上被刻了一个下流词，有个树桩的形状长得像某个名声不那么好的身体器官而把整个宏大的森林焚烧掉一样。
>
> ——萨曼莎·本内特：《翻书，而不是烧书》，载2006年9月28日《匹兹堡邮政公报》

> 往立体声功放机里放一张CD唱片，然后把音量开到最大。然后在屋子的每个卧室里都用立体声功放重复这个步骤。等声音的分贝值超过了宇宙飞船发射时的分贝时，随便打开哪个还没有破的窗户，看看你的邻居会不会投诉你。如果他们不投诉的话，你要么需要更多的立体声音响，要么你就得换邻居。要是你的邻居没抱怨过你家孩子，你就不能完全体验到和青少年一起生活的经验。
>
> ——创造者辛迪加公司的辛迪加专栏作家W.布鲁斯·卡麦隆：《家有少年》

编辑：未曾被说服的看门人

让你的幽默专栏文章发表的最好办法是什么呢？

“这听起来像是相当显而易见的事，可是，如果你的文章确实能够让人（也就是说，除了你以外的其他人）读起来觉得有趣，那一定会有所帮助。”巴里这样写道。

常见的情形是，在报纸版面上，幽默专栏作家常常得不到和意见专栏作家同等的机会。为什么是这样呢？

有位专栏作家指出，一个原因是与编辑的冲突。自从1994年以来，萨曼莎·本内特就一直在《匹兹堡邮政公报》供职，从1998年起就开设了自己的幽默专栏。她还是专题报道部的网络编辑，2000年获得了纽约通信业妇女公司颁发的“摇篮奖”。她还是2006—2007年度美国全国报纸专栏作家协会的副会长。

“最恼火的是，通常读者会喜欢幽默专栏，而编辑常常觉得幽默专栏在浪费越来越宝贵的报纸版面。”

根据本内特的说法，编辑一般都有做过“硬新闻”[1]的背景，因此倾向于把版面留给与新闻更相关的内容。

“我们的编辑总是不断地借助于‘更多当地新闻’的咒语。有时候我甚至相信，将来我们会不再试着售卖新闻内容，而只需提供一种网络摄像头服务，让每个人都可以在家里看到邻居的情况。或许政府能帮助我们做到这一点的。”她说。

要是你认为在报社任职就可以得到通往幽默专栏作家的天堂的门票的话，那么，本内特会让你直接回到日常的现实中来。

“我往往会用一大罐冰镇苏打水浇他们的脸。这是个要求很高的工作：有时候你就是觉得没什么可笑的东西。要是你写了篇讽刺文章，结果有些常写错别字的人竟会完全地、令你惊讶万分地、华丽丽地误解你的意思，从而恨你恨得要死，并要长篇大论地对你大肆批评一通。还有，你的专栏文章可能会被禁锢在城郊专版上，会因版面不足而撤稿，会被那些完全不懂幽默的人改写，会被安上了愚笨的标题而彻底毁掉，会被忘记在网站上登出来，会无法出现在纸质报纸上而只是在网站上刊登出来，会在没有预告读者的情况下被挪到另外的日期发表，还会被拿来充作报纸的补白。此外，人们还常用有色眼镜看你，好像是你在把严肃神圣的新闻出版机构当作自费出版机构一样。”

---

[1]硬新闻，指政治、外交等方面的严肃新闻，有别于日常新闻和特写报道。

“但是那些读懂了你的读者……那些写信来跟你说你的文章使他们笑得眼泪都流出来了的读者……那些跟你说他们把你的专栏文章寄给了位于其他州甚至是其他国家的亲朋好友的读者……是他们拯救了你。他们在为你做公关。将来有一天，他们还会买你写的书。”本内特说。

巴里是否也同意说，编辑通常认为幽默专栏是在浪费版面呢？

“我相信，要是编辑稍微知道一点读者究竟想要读什么东西的话，他们就不会做编辑了。”巴里说。

最后，作为英雄的幽默专栏作家

幽默专栏作家觉得自己的所作所为不值得，这是很普遍的。我刚开始做这一行的时候，就有这样的感觉。

“你写什么专栏？”有人问。

“哦，幽默专栏。”我说。

在我的想象中，他们一定是在想：“哦，你为什么不写写干细胞研究、同性婚姻或者内华达州努力准备提高最高车速限速等问题呢？你是在浪费笔墨！”

当时我的身体语言很可能是回答说：“是啊，我知道。”

可是后来我的视角改变了。就在“9·11”的悲剧过后，我们国家弥漫着一种令精神崩溃的悲痛情绪，每个人都在寻求应对之道。在我哭泣的间隙，我感觉很迟钝，任何评论都不能给我带来慰藉。在翻看我那些尚未来得及阅读的书时，我碰巧打开了大卫·赛德瑞斯的《赤裸》。他那蛮不讲理却又充满欢笑的回忆录成为使我走出悲痛的救生索。我笑了，因为赛德瑞斯让我别无选择。

我的英雄！

后来我在《名利场》杂志上读到一篇对艾特·布赫瓦尔德的访谈文章，这就更进一步坚定了我的信心。人们问他：“你认为你最大的成就是什么？”

布赫瓦尔德回答说：“那就是给别人带来笑声。我不知道这算不算是成就，但我喜欢这样做。”

随着时间流逝，读者在街上见到我会停下来打招呼，告诉我说他们对我生活中最新的某篇无厘头的文章笑得多么开心。有时候我提及有可能会“写一点更严肃的评论性文章”。

“你敢！”他们不依不饶地回答。

如今我疑心有很多幽默专栏作家，不管是在奋斗中的还是已经成名的，依然有一种不安全感。（这是指除开所有作家都承受的焦虑之外的不安全感。）我是根据当初担任全国报纸专栏作家协会会长时所做的观察得出这一结论的。当时作家们打来电话提出一个普遍的问题：

“各种比赛都把幽默专栏归结为通常的评论类别，我参加这样的比赛还有机会获奖吗？”

对我来说，这就相当于说：“现实生活VS我根据现实生活得出的趣味性回应，我真的能和他们竞争吗？”

或许其潜在的问题是：“我的所作所为究竟有多重要呢？”

笑声的好处就和骨折后正骨、包扎伤口一样实实在在。爱、光明和笑声——这就是我们那个小小的黑色医药包里的材料。我们的这种医术未能得到捷豹XKR跑车作为回报，这实在太糟了。因此，我举双手赞同改革我们的医疗保健系统。

生活方式专栏作家

噢，生活之歌从头唱到尾多么绚烂，
杂糅着各种即兴的情趣；
而爱情是绝对不会犯错的情感，
我是罗马尼亚的玛丽。

——多罗茜·帕克[1]

私密性的写作需要一种特殊的专栏作家。西弗吉尼亚州《星期天新闻邮报》的卡琳·温格尔·富勒在文章中谈到她小孩的离世；马萨诸塞州的自我辛迪加撰稿人特里·马洛塔和读者分享了她那同性恋女儿的婚姻；海湾州（马萨诸塞州别称）的另一个专栏作家迈克尔·墨菲忧伤地记录了年老的妈妈因为得了老年痴呆症而病情慢慢恶化的过程。

在专栏里写关于自己人生中的种种苦难和成就，就相当于询问读者：“那你又是怎样的呢？你能想象无家可归是怎样的吗？你是否想过保罗·麦卡特尼都真的要到64岁了？你是否想过将来某天要去寻找自己的生母呢？”

“有时候我们会邀请读者和我们一起去那些非常阴暗的所在，一起思考一些他们可能不太愿意思考的东西。”在2006年的厄马·邦贝克作家研讨会上，劳拉·普尔弗说。劳拉·普尔弗原是《辛辛那提询问者报》

[1]多罗茜·帕克（Dorothy Parker，1893—1967），美国短篇小说作家、诗人、评论家，以语言机智闻名。引诗中提到的罗马尼亚的玛丽，是英国维多利亚女王的孙女，罗马尼亚国王费迪南德一世的妻子。

的专栏作家，1999年她被美国职业新闻记者协会（SPJ）推选进入辛辛那提新闻业名人堂。

普尔弗说，读者必须相信专栏作家是诚实的，然后他们才会和作家一起进入那趟旅程。这样的信任需要长时间了解之后才能建立。

“苏格拉底说，当你想要说服别人做什么事情的时候，你首先必须得让他们相信你是出于好意。”普尔弗说。

对专栏作家而言，把自己脆弱的一面写下来需要勇气，这不仅是因为所流露的内容，而且也因为负面的反应。比如说，要是读者嘲笑你离婚了，或者嘲笑你想要做单亲妈妈的愿望，这种鞭刑之苦会让人感到刺痛。可以预见有人会谴责你，说你爱钻牛角尖，说你太拿自己当回事，或者说你大脑精神失常。

揭露自我的目的旨在支持、启发、激励并教育读者，即使是最低落的经历也可以充当劝诫性的故事。分享个性化的感受是柄双刃剑。从最好的一面来说，个性化的专栏为读者提供一个温暖的贴心的所在，为他们提供一种大家分享的、让人觉得感同身受的兴奋感；而在最糟糕的层面上，个性化的专栏是一种自恋的独白。

那么，一头是自我的揭示，一头是自迷自恋，作者怎样走好这两者间的钢丝呢？

当读者能在故事中看到反映其自身生活的某些侧面时，这就是作者内心情感的自我揭示。不论是同学聚会还是60岁跳伞，读者通过幻想在某些情境下的自己而渴望对周围的世界有更多一点的了解。或许读者一辈子都不会从大桥上往下做蹦极跳，但是，他可以认同专栏作家对冒险的好奇、恐惧或嗜好。在故事中应注意创造一种普遍适用的潜台词，也就是说，创造一种归属感。书写某个具有广泛兴趣的主题是激发共同情绪的有效办法。

写的不是你

是的，专栏文章说的是你的事情，但是，对读者来说它只是一面镜子。用来共享的经历应该让人注意到更广阔的议题，并能给读者反馈一些有用的东西。问问你自己“我的经历对读者有怎样的教育意义呢？”或者是“我希望我的读者读完这篇文章后能够获得一些什么东西？”。

当读者开始说“噢，这个办法不错”，或者思考“要是我，我会怎样处理这个问题？”，那么，文章中的自我揭示就起作用了。

当读者读完后仅仅是说“咄，写得太烂了”，或者“嗯，妙啊”，那么，这种个性化的书写就是一种自迷自恋。

请别长篇大论地指责

读者做出情绪激烈的反应，这是用心写作得到的回报。但是，有些作者更倾向于发泄，通篇只剩无休止的情绪。如果是某个暴行点燃了你专栏文章的前提，那么，要用经过认真调查得到的事实和清楚明晰的推理支撑你的文章。把闹剧引向某个更高的层面——呼吁社区民众采取行动，或者注意一些重要的事件。

神父不在岗

除非读者能够从你的过失中得到某种教训，否则，不要把专栏当作忏悔、告解的所在。专栏不是自我救赎的平台。比如说，把孩子送人收养是值得与人分享的故事，而且读者也会同情你，但是不要强行塞给他们一串自我辩护的理由。带读者一起进入你的黑暗世界，开灯让他们看清楚，可是，要让他们带着自己的发现离开。

为了使文章真实，就要写真情实感。在长达十年的时间里，600万读者专门翻到《今日美国》的“生活版”，读克雷格·威尔逊写的有关生活琐事的专栏。威尔逊总结说，虚假的自我揭示的文笔是生硬、老套的。

“文笔做作，或者试图显得幽默却实则近乎是闹剧（这样不好）。好的文笔有种出人意外的精妙之处，在很多坏的文笔中，这样的出人意料的要素都付之阙如了。”2006年，在厄马·邦贝克作家研讨会上，威尔逊这样说道。

有趣的是，写作与催眠有很多相同之处。两种技艺均试图诱使他人坠入彀中，并悬置现实，希望得到某种积极的结果。1990年，为长期以来的好奇心所驱使，我参加了一个催眠疗法的证书课程，于是注意到了这二者之间的关联。我当时急于想知道催眠是怎样进行的，不久就发现，关于意识和潜意识之间的机制也可以用于写作。

我们的意识对周围世界做出分析并控制着个人的决策。我们内心的评论家则对“为什么是这样”的问题做出反应，并倾听诸如“应当”“应该”“必须”这样的词语。

信息性的专栏，比如说都市专栏、政治评论和各种生活技巧类的专栏吸引的是意识。这些专栏点燃争论和分析的火苗，满足了那些寻求事实真相的读者。

另一方面，我们的潜意识对意象、感受、情绪等做出反应。因此，关于童年的故事、神话和记忆会如此强大。在潜意识得到充分发挥的时候，它就有可能绕开意识的聒噪，进入一种注意力高度集中同时又是非常放松的状态。有意思的是，这样一种平静的状态也提供了一个完美的阅读环境。

为了更好地理解意识和潜意识之间的关系，我们不妨以压力管理为例。当一个人非常紧张的时候，意识会提供建议、事实和理由来帮助你消除紧张。（例如：“真的啊，如果你不能消除这样紧张的情绪，不能克制你的过度反应，你会使自己得心脏病的。你没读过那个最近的研究报告吗？”）

可是，潜意识抓住了导致行为变化的关键。内心深处你“想要这样做”，于是，当你的潜意识想象出一幅幅画面，并通过感受走出紧张情绪时，你就能够激发出一些变化。（例如：“想象你站在一片温暖的蓝色大海面前，深吸一口气，呼气。感受一下你现在是多么放松。”）

那么，怎样把这用于写作呢？

催眠治疗训练过程运用到写作“受引导的意象”，这些意象被诵读出来，以便在另一个人身上诱导出一种冥想的状态。此时，人们对周围的环境依然是清楚的，但是，他们注意力高度集中并且高度放松（就如同最理想的读者那样）。创造诵读内容时遵循如下指导方针：

- 使用听起来能给人带来宽慰、像诗歌一样流畅的词语。
- 用主动的、体验的方式调动五种感官。
- 用生动具体的意象描绘那幅带来放松情绪的画面。

例如，假如是要刻画一幅海滨的场景，你是不是距离水的边界才几英寸远呢？你是坐在沙丘上吗？沙滩带来什么样的触感？是细腻的沙粒还是粗大的卵石？温度怎么样？有微风吗？感到心旷神怡吗？是否听到远处传来的提醒船只在浓雾中安全航行的喇叭声？听到冲刷的海浪声吗？大海闻起来是什么气味？是咸还是甜？

创造催眠意象的过程和写作研讨班类似。词语能够催眠是因为潜意识是感知型的。生动的画面使听众放松，从而诱导出深层的睡眠状态。

在把催眠技巧应用于专栏写作时，读者会因为感觉到自己就生活在场景里而变得更加专注、更加投入。可以通过描述所有感官层面来把读者带入相应的经历之中。

我曾经给《波士顿环球报》写过感伤唯美的短文，我直达故事“核心”的方法如下：在观察某件事物或者唤起某个记忆时，那种让你觉得像是在心口被狠狠地打了一拳的感觉将激发出一篇专栏文章的灵感。比如说，在一个“男士烹饪班”上，我注意到，有两个年老的鳏夫在一位女士面前会假装分享用餐。又比如说，有一次我那11岁大的伙伴因为屈服于同伴的压力而装着不认识我——她是非洲裔的，而我不是。

我把这样一些具有启示性的时刻定格，转为某种生理上的强烈感受。在写草稿的时候，我不是专注于怎样开头、如何展开、如何结尾，而是专注于那个特别的时刻给我带来的情绪感受。在我体内打开一道情绪口子的，是我看到、听到或感受到的什么东西呢？只有当我在生理上重新感受那个经历时，我专栏文章中的核心故事才变得清晰起来。

通过复活那些实际感受，我就可以调动读者的情绪，从而把读者带入故事的核心。

当读者告诉专栏作家，“哇，我感觉就像是身临其境似的！”此时，写作真的就具有了催眠的功能。

讲述他人的故事

有时候你讲述的可能是别人的故事。这样的专栏写作需要真实的现场观察。走出去，把你观察到的东西带回来。小小的细节可以使场景鲜活起来。当特写的部分揭示出故事的核心意味时，整个大的画面自然就会变得清晰。或许劳力士金表的闪光能使挥手的动作更有断然回绝的含义，或许坐轮椅的男子头上顽皮地歪戴着的圆顶高帽就能够揭示无限的内涵。用独特的观察给你的视觉带上生命的气息。

“你需要你亲身在现场收集到的描述性细节，否则你写的内容就不会感人。关键在于找到有力的、具有人情味的细节。”《代顿每日新闻报》的专栏作家玛丽•麦卡迪说。

在2006年的厄马•邦贝克作家研讨会上，麦卡迪和普尔弗提出了一些在采访时如何挖掘信息的办法：

可能的话在家里拜访采访对象

一个人的环境会透露出有关这个人性格的很多线索。此外，人们在自己熟悉的环境里会感觉更舒适，因而会袒露出更多信息。

从容易回答的问题开始

“从容易回答的问题开始，不要猛烈抨击他们。有人说，如果把龙虾放到冷水里然后慢慢升温直到沸腾，龙虾绝不会知道是在煮它们。”普尔弗这样建议。

用语言来让被采访者感到放松

要避免使用“采访”之类的新闻专业术语。你可以说：“我想和你聊聊你的经历。”

主动提供一小点内容以获得很多的信息，要善于交谈。

当你问到一些古怪的问题时，要解释为什么要这样问。

“我告诉他们说我想要把你的故事写得很生动，就像电影一样。因此我会问你一些问题，比如说当时你的毛衣是什么颜色。”麦卡迪这样解释。

安然坐下来倾听

“不要害怕出现沉默。忍住不要插话。要让对方产生填补对话空白的冲动。自在地面对对话时出现的沉默，看看会发生什么情况。”她这样建议。

读者需要对故事产生认同感

最重要的是，写出的文章要能使读者产生共鸣。

“没有人关心你的母亲。读者寻找的是你的弦外之音。你可以写你的母亲，但是要能够让读者说：‘哦，那是我的母亲。’”普尔弗说。

那么，为什么有些专栏作家会以……以揭示自己为职业呢？特里·马洛塔是马萨诸塞州的一个自我辛迪加投稿的专栏作家，出过书。她和读者分享她的私密性的旅程已有27年之久。为读者书写自己的内心，其使命是什么？在下面这篇文章里，她毫无保留地袒露了她对这一问题的看法。

展示你自己

特里·马洛塔

在我写作生涯刚开始不久的一天，我的伙伴读完我发表在星期天报纸上的一篇专栏文章后说了几句话。这些话此后就一直在我的脑海里回响。

“我不明白，你在文章里怎么可以这样毫无保留。我甚至不喜欢告诉别人我的想法和感受，更不用说是发表到报纸上了。”

从那以后，这几句话就使我无数次地问自己：不管写的是我们自己还是别人，这样坦率地描述私生活的写作究竟使谁真正受益？我们专栏作家中为什么有些人会走入这些传统上更为私密的领域，尤其是在这样的写作会让我们承受误解甚至是指责的情况下？当我们写自己的情况时，我们难道不是冒着被贴上“自恋”标签的风险？当我们写别人的情况时，不怕被贴上“偷窥狂”的标签吗？不管哪种情形，我们都成了那种试图吸引别人眼球的戏剧女王，是不是？

是的。

可是，我们为什么写这样的文章呢？

答案浓缩为一点，那就是：因为我们写这样的文章当然既不是为了博得同情或理解，也不是要博取对我们的过分的关注。

我们写这样的文章是因为这是我们的工作。我们写这样的文章，因为我们是专栏作家。我们不是记者。我们是敏感的触角，承担着责任，需要每天走出去尽力了解人们在忙些什么、想些什么，我们试图尽力了解人们为什么笑、为什么哭、为了什么而行动。

记者讨论的是在具体某天发生了什么，人们做了些什么——当然，专栏作家也会做一点这样的工作。但是，专栏作家也讨论那些人们还没有做的事情。他们穷尽其倾听的能力去感知我们所有人都共有的，在希冀和渴望的领地中那神秘的看不见的地下蓄水层，这是一切行为的基础和前提。而感知这地下深处的泉流是创造性想象力的功绩，这种想象力需要那些掌握这种技艺的人的一些非常独到的才能。这需要真正的坦率，需要真心希望将自己呈现在别人面前的意愿，并且伴随着敬意和全神贯注。这里，我指的是毫无保留地呈现出来，其目的仅仅是在他们费力地表达他们认定的真实之时，能够有人在倾听。

这样毫无保留地袒露自己并非易事。有人会说，这样做甚至包含着危险。可以说，我们经过反复的学习，人人都明白“保卫边界”的重要性，因此，到我们成年的时候，大多数人都在自己周围长出了一层厚厚的保护壳。可是，如果要在真实的层面上和我们要写到的人们联系起来，我们就必须得打破这层保护壳。

这样做需要勇气，需要观念的更新，尤其关键的是，它需要我们克服羞怯、忘记自我的能力。

我是在29岁那一年开始写作的。从20岁到29岁的10年间，开始时我极度害羞，在校园里路过我的大学教授身边时，我甚至都不敢看他们。

后来，大学毕业三个月后，在完全不知道教学法是什么东西的情况下，我接受了一份教职，在一个大型的公立中学教英语。

随着一波又一波机灵的学生陆续乒里乓啷、吵吵闹闹地走进教室座位上坐下。我站在三楼的教室里，感到有一粒冰凉的汗珠在沿着背心一路滑落——此情此景，我永生都不会忘记。在第一周里我就明白这个工作究竟是什么了：它就是表演，而且还是即兴演出。它是没有保护网的高空走钢丝。对于害羞的人来说，这个工作真要命，它活生生就是一种折磨。

为了不让自己失控，我会站在前面几排的座位中间。这个决定带来的一个无意中的结果就是，就在离我几英寸远的地方，孩子们毫不拘束地坦率发言，对我浑身上下指指点点。他们会提到我的鞋子和头发，会低头看我的双手，查看我的手指甲是否干净。此情此景，我要么当场死掉，要么就得对一切害羞什么的说再见。

于是……我选择的是后者：就像是脱下长内裤并把它永远踢开一样，我让羞怯滚开了。如今我把这个行为看作是我一生中意义最深远的转折点之一。

我这样做，实在是件好事，因为，正如此后我一再看到的那样，我们只有在忘我的状态下说话才能前进，才能开始想象自己进入了他人的经验世界。当时，在课堂上，我们努力去理解小说中的人物，可是，只有一个办法可以让我帮助孩子们以一种充满想象力的方式进入那些虚构人物的心灵世界，而这个办法就是：试试亲眼看看那些人物所怀抱的梦想、感受的恐惧以及拥有的热切的渴望，就像是我们自己怀有同样的梦想、恐惧和渴望一样。

于是，我从讲述自己的早年生活经历开始，谈到我迷路的经历、骗人的经历，谈到青春的不确定性让我在“我是谁”以及“我去了哪里”这样的问题上亲口撒谎。我只是自己先讲述，然后进行类比。要是学生们不能用全身心的真诚来回应我，那就见鬼了。

每当有人袒露胸怀说“这事曾发生在我身上”时，他的听众似乎总会立即做出回应。“我也有过这样的经历”，这就是他们的回答。在听众做出这样的回应时，神奇的事情就发生了：时钟会停止运转。恐惧遭到放逐，焦虑躲得远远的。此时此刻得以延伸，就像是眼睛见到使它快乐的事物，瞳孔就会放大一样。真正的交流开始了。

我很幸运，在人生的早期阶段就认识到这一点，因为正是这个认识让我十年后开始从事如今我还在从事的个性化生活方面的写作。在这种个性化的写作中可以发现同样的动力机制。多年以来，有那么多读者曾向我伸出手来，用和我一样的真诚回报我，如今我把他们当作人生强有力的向导和护航者。他们对我说，在他们看来，我也是他们的强有力的向导和护航者。我们从来没有相遇过，没有见过面，没有听过对方的声音——这都不要紧。我们珍惜彼此的友谊，因为我们分享了我们真实的经历和感受。就是这么简单：当你把你自己的即使是小部分的经历告诉他人时，你们之间就构建了一个小小的社群。

所以说，用内心写作的专栏作家帮着构建社群。通过唤醒内在的风景，他们还帮助读者真切实在地进入他们自己的内心。

在这些年里，我在专栏里谈到过许许多多的事情，从犯傻的事到严肃的事都有。我写过我的“犯罪季”：在整整三个月时间里，每当我去参加节食者大会时，我每隔一次就在衣服里塞上5磅重的东西，或者是选择合适的时候不塞东西，用这种方式在体重秤的读数上作弊，目的是想获得本来完全不该得到的荣誉。我写过我那同性恋女儿和她的伴侣以及她们两人组成的小家庭的快乐和面临的挑战。我写过我的妈妈在生日庆典上去世：她坐在椅子上，脸色苍白，医护人员撕开她那节庆时穿的礼服；而她那小小的助听器随后好几个星期都放在我的梳妆台上，因为我怎么也舍不得把它扔掉。后来，有天晚上，助听器开始柔声恸哭，一直哀嚎不已，为它将要失去力量而发出警报，直到电池用尽，它自己也陷入最后的沉寂。

尤其是在后面这篇文章写出来之后，处于不同哀悼阶段的人们都给我写信，描述他们自己经历的悲恸，感谢我把我自己的感受和他们分享。正是他们智慧的回应使我终于能够回顾我自己的历史：在我出生前，父亲就消失了；读者的回应令我第一次感受并承认直到我30岁以前都在刻意回避的情绪。

换言之，我从读者那里得知了戒除心瘾的“十二步”[1]方法。正是因为他们，我最终意识到，我需要试着拯救每一个人，激励每一个人，抚平所有人的创伤，而这样做是任何一个酗酒者的孩子或者是被父母遗弃的孩子的典型的、勇敢的、命定的行为。在我书写这个过程的时候，我想，全国每一个曾经与某种心瘾或某种极度的依赖心态做过斗争的人都曾给我来过信。

我们每个人都在与自己的问题做斗争——我们当然需要斗争了。然而，令我总是觉得意外的是，我们的问题——不同人的问题——常常都是相同的。我们承受的隐秘的哀痛慢慢地转变为一种一直抱怨不停的愤懑之情，这除了阻止我们前进以外毫无意义，而且还让我们背负上本不需要承受的重荷。

有一天，我那当时还只有11岁大的女儿在厨房里向我靠过来，问到了那个从不在场、从不被提起的人——只是到了这一天我才开始明白这个真理。

“你的爸爸呢？”安妮问，“你从来都不谈论他。他并不是真的死了让外婆当了寡妇，是吗？”

我深吸一口气，把我所知道的有关这个名叫哈普的可怜男人的所有情况都告诉了她。这个男人在我出生前就离开了，我从来就没见过他的脸，直到我过了19岁的生日以后去找他，找到了，并在特拉华州威明顿市一个旅店阴暗的休息室里陪他度过了一个小时。

在我的故事讲完的那一刻，女儿说了一句话，破解了我此前甚至尚未意识到我中了的恶咒。“我要把我生下的第一个男孩子取名叫哈普。”她说。刹那间，我因为没有父亲而产生的所有哀伤和自怜自艾全都永远地云消雾散了。当我在专栏文章里讲述这个故事的时候，我说不清究竟有多少读者给我来信，告诉我说：

[1] ‘十二步”疗法（Twelve Steps）或“十二步计划”（Twelve-step Program），是西方用于戒除各种心瘾、强迫症等行为疾病的方法。该方法被用来帮助戒除酒瘾、毒瘾、赌瘾甚至是对食物、性等的过度心理依赖。该方法的主要内容包括：承认自己是软弱的、容易上瘾的；相信上帝能帮助自己戒除不良嗜好；反省自己的不良嗜好；反省自己的不良嗜好给他人带来的危害；力求尽量地补偿自己给他人带来的危害；认识到不良嗜好的危害后，要尽力去帮助其他人。

“那小姑娘说得对。这事就这样了。放下所有的委屈，由它去，由它去吧。”

即使是陌生人，我们也有相互治愈对方伤痛的能力，这是真的吗？这是真的，我们有这个能力，因为陌生人给我们的是免费的，不需要回报，就像是上天的恩典一样降临，不用付出，得来也出乎意料。

我意识到，把我这些年来所写的故事放在一起，它们揭示出我的怀疑和盲目、我的悲伤以及人类的神秘。可是，也许所有的专栏都是这样。也许事实上每个专栏都在说：“这就是我们在第二个千禧年前后的几十年里的样子。这些就是我们曾经希望、渴求的。”

在肾移植后的并发症发作之前不久，快活的、总是说真话的专栏作家厄马·邦贝克曾经这样说过：“把你的梦想展示给别人看需要很大的勇气。”

并不是说每一次都要求我们专栏作家勇敢，我们也并不需要经常勇敢。但是，在袒露我们自己真实的内心世界时，在按照我们所看到的那样讲述他人的真实内心世界时，我们每一次坐下来动笔写作都见证着勇气。

就在厄马去世前不久，她还说过，在生命结束、站在上帝的面前时，她希望她的才能将一丝一毫也不留下。她希望能够对造物主说：“你给我的一切，我都用了。”

因为，难道我们不知道吗？这永远都不是我们为自己赢得了什么，抓到了什么或者保留了什么的问题。它总是，也只是，关于我们在运用自己的天赋为他人服务的过程中究竟放飞了什么、自由地传递了什么的问题。

在用尽我们的才能并为我们曾经生活过而表示感谢时，哪里还有比讲述我们来过这世上的种种感受更好的呢？我们只能说出我们感受过的、见到过的、思考过的一切。作为专栏作家，我们每天都在这样做。还能有比这更好的生活方式吗？

都市专栏作家

真理一旦揭示出来，都是容易理解的。问题是要揭示真理。

——伽利略·伽利莱

都市专栏作家聆听当地的心跳，书写是什么使一座城市跳动，是谁在给城市做标记。都市专栏里有胜利的高声叫喊，有政府的耳语，有"不在我家后院"的大声嚷嚷，也有集体的呻吟。作家是社区的眼睛，他代表读者对城市阴暗的薄弱区域、闲置的公共用地、多彩的人物、法庭审判以及各种胜利都详加审查、核实。

这里是对两位都市专栏作家的采访，他们都长期从事都市专栏写作，并赢得了写作大奖。

托尼·梅森杰是密苏里州《斯普林菲尔德新闻领导报》社论版的编辑。在此之前，他给《哥伦比亚每日论坛报》写一个都市专栏，每周写4期。在15年的写作生涯里，他获得了全国报纸专栏作家协会、堪萨斯市新闻俱乐部、全国有色人种协会、密苏里州新闻联合会等组织授予的重要写作大奖。

从1993年起，戴夫·利伯就是《沃斯港明星电讯报》的高级专栏作家。他的专栏名叫《看门狗》，认为政府和企业应该为社区负责。在30年的写作生涯里，他获得了全国报纸专栏作家协会、达拉斯新闻俱乐部以及达拉斯-沃斯港黑人传播者联合会等组织颁发的奖项。20世纪90年代末期，利伯作为作家和演讲家，还是“视频专栏”的先驱者之一。

作为都市专栏作家，梅森杰和利伯分享了他们对自己特殊职业的洞见。

问：你认为是什么让你如此醉心于都市专栏写作？

梅森杰：我们可以发挥作用，真正地改变着生活。正是精神上的纯净感召着许多人进入新闻业。不管专栏文章是直指公共腐败，还是帮助无家可归者找到遮身之处，或者是促使人们思考某个应该加以修订的法律，我知道，我在以一种有意义的方式感召着人们。这是强有力的，同时也是谦卑的。

利伯：你想想看，社区并没有其他的真正的声音发出来。政治领袖们心里装的是其自私的政治利益，商业领袖们只关心自己是亏损还是盈利，教育工作者没有可以自由发表意见的权力讲坛，而牧师们只为自己的宗派布道。只有都市专栏作家是为所有人说话的，而他们只得到了很少的回报。

我们调动读者情绪上的思想倾向，帮助读者看到，有时候甚至是帮助他们理解社区里正在发生的各种幸或不幸的事情，并让他们知道为什么会发生这些事情。

问：一个人怎样才能成为都市专栏作家呢？

利伯：运气、耐心和勤奋，重要性按顺序依次降低。这需要运气，因为写都市专栏的工作很少，太难找了。除非是有人死了、被解雇了或是辞职了，或者是报纸扩版从而产生了专栏写作的职位。就算是你家的房子遭到龙卷风袭击的可能性都要比成为都市专栏作家的概率高。

但是，我们生活在这样一个国度，在这里，实现自己的梦想是我们的信条。还是14岁的时候我就决心成为一名专栏作家，之后花了22年我才梦想成真，36岁的时候我才被聘为专栏作家。在那些日子里，我一直写啊写啊写啊，我做的一切都是朝着学习怎样做一个专栏作家的目标前进的。我做过记者和杂志写手，做过一切会使我越来越接近我的目标的工作。

问：什么品质最适合都市专栏作家？

梅森杰：你得有股刨根问底的劲头、聪明、自信，对自己的所作所为有种信念。最重要的是，专栏作家必须有新闻业的信念，首先得是一位好的记者。要竭力找到最合适的词语。专栏作家必须是个好人，要有真正想使其社区变得更好的心灵和胸怀。

问：在截稿时间这样紧迫的情况下，你是如何调查、收集这么多事实的呢？

梅森杰：最好的状况就是，新闻专栏作家此前曾做过社区记者。在一个地区做记者做过一段时间以后，你就能够培养出自己的人脉，从而可以使你很快得到事实，使你第一时间得到线索等。

但是，成为专栏作家并能在截稿期限的压力下快速收集到相关事实的关键在于确定事项的优先次序。专栏作家需要找到令他的文章和为头版写新闻稿的记者的文章不同的视角。从这个方面看，我可能需要的信息常常比记者需要的信息少很多。

然而，有时候也有相反的情形。为了切实地把某个话题写得比较深入，专栏作家有时候要比记者做更多的报道，要和很多可能从来都不会在文章里提到的人谈话。

对做专栏作家而言，一个有利的因素是，你几乎每天都和读者进行对话。我喜欢以正在进展过程中的新闻故事做话题，因为我不必每天都要处理完整个话题。我可以一天写一点，在进一步探索某个话题的过程中，继续得到更多的线索和信息。

我们这个时代的顶尖专栏作家如迈克·罗伊科、皮特·汉米尔、吉姆·布雷斯林等都给出了一些最好的建议。

走出办公室，去街上逛逛，从楼梯走到公寓住房的二楼。专栏写作与各种感觉有关。它是让写作成为一种自然流露的良好报道。你只能通过与大街上的生活联系起来才能得到这样的写作。这是一个永不停止的过程。专栏作家总是在报道、倾听、收集事实。你说不清什么时候就用到它们了。

问：你怎样使聚光灯下的人们向你袒露心迹，告诉你“实际上发生了什么”呢？

梅森杰：他们必须得信任你。就那么简单。任何一个称职的专栏作家最后都免不了会时不时地和公共政府官员产生冲突，而且极有可能是和两个政治大党[1]都有冲突。我们所做的事情的本性即是如此。

[1]指美国的民主党和共和党。

关键是要写得清楚、有文采，这样才不会让自己没有退路。要把文章写好，你是怎样批评别人的，就得接受同样的批评。你得硬着头皮经得住别人批评。

当我和某个公共官员交锋时，我预计到会受到他们及其支持者的攻击。我会亲自接听电话，直接面对挑战，不管他们给我什么样的批评，我都接受下来，认真听着，有时候会把这样的讨论进一步扩展成专栏文章。只有这样，这些要人才会给你足够的尊重，并在他们有重大故事的时候给你提供线索。

另一个技巧是，培养自己良好的信息来源，这样那些要人就会乐意回答你的问题了，因为他们会觉得，你反正已经得到你需要的答案了，所以多跟你说一些也没有关系。

问：你查获腐败行为的最佳办法是什么？

利伯：利用好那些像瀑布一样滚滚而来的线索，利用公共记录、采访材料和自己的观察来使这些线索产生生命力。线索本身只是一个引子，如此而已。你甚至不必知道线索是谁给你提供的，你只需要提出适当的问题就行了。如果你提出的问题是有效的，你就几乎总是可以得到答案，不管寻求真相和答案的路程是多么曲折和困难。

问：你怎样做灵机一动的调查呢？

利伯：我总是说，那些负责采访政府和商业领域的懒惰的记者是使腐败行为得以猖狂的主要原因。要是记者积极进取而且精明能干，那么，他就能够查出各种违法犯罪行为，这样，不仅情势总是能够很快得到肃清，而且相关部门的继任领导们也会时刻小心提防。这确实是会见效的。

大多数临时想起来要做的调查，我一般都能在一两天内做完。你就像一台吸尘器一样，通过公共记录、材料搜索以及采访吸进每一条能找到的信息。你了解得越多，提出的问题就越多。你问得越多，你了解得就越多。我在自己搜集资料的同时，还依靠报社的图书管理员帮忙做资料搜寻工作。这样双管齐下，我们就可以非常迅速地了解到很多信息。

于是，某些范式就开始显露出来。把要写的故事对焦于某一个要素，而不是对他们的生活方式做广泛的粗略的描述。我不会下判断说某个人是不是好人，我只是描述在某个我想要写的具体的事件中他们是怎样做的。

此外，在动笔写作之前，你总还要亲临现场看看，这样你就能看到你在写的究竟是什么。

最后，把你知道的一切内容告诉你所写的对象，告诉他们你想写的所有内容，这样，他们就可以有机会在上报之前而不是见报之后对你查到的内容予以反驳。这有助于消除错误，更重要的是，避免法律纠纷。

问：在都市专栏写作中，常见的、可以避免的错误是什么？

梅森杰：我们都会形成自己的模式，重复自己。我们每个人都有些容易写作的，包含所谓小“技巧”的专栏文章，这样的专栏文章是我们没能写出满意的专栏文章、处于一种惊慌失措的状态时用来应付催得紧的截稿时间的。关键在于我们不能依赖这样所谓的技巧。有时候，当我想到了某个特别新奇的表达方法时，我会查档案，以确信我以前没有用过这个表达方法。重复自己——这样的过失，我是有过不止一回的。

问：你的都市专栏文章的结构有“格式”吗？

梅森杰：在我看来，如果你的文章用某种格式用得太多的话，你就该摆脱这种模式了。我的声音的特点之一就是，我的文章是不可预料的。

但是，我要确保读者从头到尾都会把文章读完。就像一个好的喜剧演员一样，我喜欢在最后有一些令读者再次回到文章开头的东西。有时候那是一个词或一句引用的话，或者是运用某种暗喻性质的语言。

但是，要是这样做得太多，那就变得可以预见了。

问：有雄心壮志的都市专栏作家应该具备什么样的知识？

利伯：是否要去上新闻学院，这并不重要；但是应该在大学里接受过全面的博雅教育。要学习有关历史、艺术、音乐、社会学、经济学等方面的知识。否则你就不过是个单一维度的人。你的新闻业训练应该是在校报上得到的，而不是在教室里得到的。

要不断地阅读各种各样的作品，而且你应该开始对各门学科有一个广泛的归档系统。如果你能够创造相应的档案材料并把它们保存好，那么，你就真的能马上成为各学科的专家。

要花大力气培养你的信息来源——不是培养朋友圈，而是培养提供信索的人脉。这是最重要的部分。要培养一种让别人立即就信任你、喜欢你的能力。他们会感觉更轻松舒适。他们会把他们从未告诉别人的东西告诉你。培养你的人脉，使他们对你的人格有很高的信心。

最后，别人回答说“不”的时候，你要能够坚持寻求真相。“不”只不过意味着你要换一种方式提问。邀请采访对象的朋友来调节一下采访过程。要不断和他说话以便获得对方对你的信任。决不放弃。为你提供线索的人崇拜你，意识到你是真正值得信赖的——因为你有高水准的专业技能，有奉献精神，为人正直，机智多谋，所以他认为你一定能带来变化。

观点专栏作家[1]

有一规则完美无缺：在一切意见问题上，凡和我们观点相反的，就都是疯子。

——马克·吐温

观点写作和社论写作有时被统称作Op-ed[2]，很多读者把它们和写作政治、时事或流行趋势等的专栏作家联系在一起。观点写作有多种风格，既可以是广征博引的，也可以是平白直叙的，还可以是充满激情，富有煽动性的。

莫拉·凯西任《纽约时报》的社论作家22年，获得过30多个地区、州以及全国性新闻奖项，包括斯克里普斯-霍华德基金会颁发的杰出社论沃克·斯通奖、贺拉斯·格里利奖、新英格兰州的公共服务新闻最高奖以及由美国职业新闻记者协会每年为一个社论作家颁发的普尔利曼奖金。1988年，她担任《鹰论坛报》社论版的编辑，在此期间，该报

[1]本节标题是The opinion columnist，opinion有“观点、意见”等意思。汉语语境中，“意见写作”是一种特殊的公文形式，不是报刊上的专栏。为避免误解，这里把这种专栏译作“观点专栏”。

[2]Op-ed即opinion（观点、意见）和editorial（社论）两个单词开头部分的合写。

同仁分享了新闻报道的普利策奖。

作为在第一线理解最新突发新闻的代言人，专栏作家习惯于接受抨击，凯西也不例外。先前她在为康涅狄格州的新伦敦市《日报》工作时，她很得意地在自己的办公室里展示她最喜欢的那些写来骂她的邮件。

“我有一面墙上贴满了骂我的邮件。有封信说，我应该写一些和我的水平相称的东西，比如说‘英勇的幼儿园教师，被误解的失足女’等。”她笑着说。

下面，凯西把她有关写作社论专栏过程的心得和大家分享。

问：作为观点作家，你扮演的是什么角色？

答：我的角色是为读者提供一些他们在任何别的地方都得不到的东西。如果每个人都在写某位候选人的问题，而我也打算写这个问题的话，那么，我的工作就是找到书写这个问题的一个不同的角度、一种新的方法，或者是一种完全不同的立场。其过程往往是这样：挑出一个话题，把它靠近灯光下，旋转一下，并找到一个讨论这个话题的不同的方式。

问：你如何选择题目？

答：我从事新闻业的第一个真正意义上的工作是做了四年多的社论版编辑，这个版面只有一个职员负责，那就是我。如果你的团队只有你一个人的话，你要做的事会是如此之多，以至于在寻找题目时你将不得不非常高效率才行。我曾经想写一些煽动性的具有感召力的社论，但是根本没有时间深入思考，当然没有多少时间去寻找话题。

因此，在那些年里，我就训练自己，如果我对某件事有强烈的反应，或者如果我发现自己在想“嗯，这真的很有意思”，那么，很可能这就是我要写的题目了。

我是个很普通的人，因此，要是我对某件事产生了强烈的反应，那么，我想，读者也可能会产生强烈的反应，即便这件事很琐碎。

举例来说，今年9月份我儿子就要上七年级了。因此，我们开始去购买他返校用的东西。我儿子的老师给他列了一个长长的、必备物品的清单，我发现我得用电子制表软件处理它才行。在此之前我可从来没有用过电子制表软件。我想，我的经历不可能只有我一个人有过。

于是我带着收银台给我的收据走进办公室。这张收据清单有2.5英尺长。有位女士说，她的侄女必须得买4本作文用的本子，而她还在读幼儿园。于是我就写了一篇关于这个话题的专栏文章。

想法来自最普通的地方。你不能跟风。如果我走过一个一边等公共汽车一边说话的人，或者是在就餐时听到有人说了什么话，发现自己在想“这可是我没想到的”，十有八九，这会成为我的专栏文章的题目。

问：什么样的性格特点对社论作家最有帮助？

答：首先是同情心，其次是好奇心。

同情心（compassion）这个词的词根是由两个拉丁词语构成的，它们本来的意思是“共同感知”。除非你能和别人有“共同的感知”，否则你不能成为一个观点-社论作家。同情心比小聪明要重要得多。你必须得学会和你的报道的对象相处。你可不能不把他们看在眼里。

问：你准备专栏写作的过程是怎样的？

答：在《纽约时报》我是写社论专栏的。因此你得读报，你得和别人——普通人和那些不那么普通的人——交谈。一旦你找到一个话题了，你就想办法让故事个性化，因为人们爱读别人的故事。

最近，关于女性参军的问题出现了一些争议。我想写写这个话题，因为我妈妈在“二战”期间就在军队里。我的出发点就是，我有我妈妈60年前的身份识别牌，这是当初颁发给士兵的（她已经去世差不多30年了）。

问：你的最好的写作诀窍是什么？

答：思想清晰，语言清楚，必须避免使用被动句（所有句子都应该用主动句），简单。

在700个词的文章里，你不必解决世界上的所有问题。以一条思路为主线，用700个词加以展开。

我曾听过亨利·诺文神父的一次精彩的布道。他是《受伤的医治者》一书的作者。他用了一个小时来讲《圣经》里的一句短短的句子：“我离开你是好的。”

只讲一个想法，讲简单点，这让读者感到清爽，因为你没有试图往一个只能装一磅重的口袋里塞十磅土豆进去。简单，这也正是“夏克式”家具如此美丽的原因。写作也和它一样。

问：对于报纸记者来说，他们可能更容易进入观点-社论专栏的写作领域，因为他们已经拥有了一些经常接触的人物。对于想要开发写作资源的自由撰稿人来说，你有什么建议呢？

答：你必须得从某个地方开始，找到某个人，拜访他，然后问："如果你是我的话，你会去找谁？"

为了写问题赌博（赌博成瘾）对社会的影响，我曾经去拉斯维加斯待了一个星期。我到的时候只有一两个联系人的名单，我知道，才两个人，我不用忙上一星期的。我想："我究竟该怎么办呢？"

我知道我必须对一切有意思的事情保持开放的心态。在开车绕拉斯维加斯四下闲转的时候，在斯特里普中心大街边上，我看到了一个名叫"赌徒书屋"的书店。它自称是关于"赌博"这个主题的最大书店。

我走了进去，过了几分钟就开始和柜台背后的男人聊了起来，原来，他是这家书店的店主。我跟他说我刚来这里，想要写一系列文章说说赌博成瘾的社会问题。

他朝我眨眨眼睛，说："我以前当过美联社的记者呢。请坐，让我帮你看看我的名片盒。"那名片可真多啊，足有一英里长！不消说，后面的六天我很容易就排满了。你可不能害怕和别人交谈。

问：你会使用什么样的资料来源呢？

答：最好的办法当然是个人采访了。你可以整天读书，但是，要是你和一个历史学家谈话，你总是能够得到一些更好的东西。没有什么东西能够替代和人交谈。这是痛苦的，但是，良好写作的艺术就是要别出心裁，而和别人谈话时，你总是能够得到一些意料之外的东西，这样，你就能够抓住一些可以用来写作专栏文章的内容了。

问：关于社论写作，大多数人都没有意识到的东西有哪些？

答：能够以写作来发表自己的观点，这是一项特权。在别的很多国家，要是像我那样写作，可能早就死了。《宪法》第一修正案[1]太好了。想想看，它一共才45个单词，包含了5项权利。可别粗心大意地忽视了它。我看到白纸黑字印刷

[1]美国宪法第一修正案保障公民的言论自由。其原文是：Congress shall make no law respecting an establishment of religion, or prohibiting the free exercise thereof; or abridging the freedom of speech, or of the press; or the right of the people peaceably to assemble, and to petition the Government for a redress of grievances.对应的译文是：国会不得制定有关下列事项的法律：确立一种宗教或禁止信仰自由；剥夺言论自由或出版自由；或剥夺人民和平集会及向政府要求申冤的权利。

出来的这些东西，我希望所有作家都应该对这些内容有更认真的思考。

生命太短暂，因此不该贬低他人。你可以批评别人，指出问题，但是你不能亮出打人用的指节铜套，不能辱骂别人，没必要这样做。

在社会问题上，我的观点是很自由的，但是，我的一些最亲的朋友在这方面的观点却非常保守。相互关爱的人们之间可能对社会上各个方面的话题观点都不一致，这没有什么不好。但是，我绝不会贬低他们的观点，或者把他们描述为某种滑稽可笑的形象。观点专栏作家真应该想一想如何去描述别人。

如果你不愿意和另一个人坐在一起，而且一点都不愿试图去理解他们眼里看到的生活是怎样的，那么，你就该换一个工作。

问：作为作家，你获得了很多奖项。你觉得让你获奖的各种因素中，哪些因素最重要?

答：对成功贡献最大的要素是很多很多的失败。我爱烹饪，我炒菜炒得好的唯一原因是，因为我曾经在做很多菜的时候都失败了，所以我知道怎样做才能做得好吃。

我从那些不成功的文章中学会了怎样写出好文章。你不能害怕失败。不要把不成功的文章看作是毁灭，而应该看作是延迟到来的胜利。有时候这样的延迟时间太久，比你喜欢的要更久，但是，就我来说，造就我的写作能力的，就是那数不清的美妙的失败。

问：有些人想要从事观点写作，但是，这种写作类型把他们吓住了。对这些人，你有什么建议呢?

答：攻下这座山头！这句话是我的教授莱尔德·B. 安德森说的。他当时是预备役部队的陆军中校，因此他自然而然想到的就是军事上的形象。

我的一个看法是，这个世界正在慢慢地、无情地被官僚机制所吞噬，我们都在成为官僚。如果你只看到重重障碍，你将永远一事无成。

因此，你必须得攻下这座山头。失败只是延迟到来的胜利。从各种障碍中学习，坚持前进。你不能害怕梦见伟大的梦想。

有些人会说，这只会让你失望，可是，如果你从来不去追求自己的伟大梦想，你的生活将充满种种遗憾。

四年前，我和三位女性好朋友去科德角度周末。我们走在海滩上谈天。其中一个朋友是四个孩子的妈妈了，人很机智风趣，她周围的空气都充满了生气。她跟我们说，她一直都想上兽医学校，可是一直都没有去成。

我们跟她说，她必须得去。我们开始不断地拿这件事纠缠她。有了梦想，你可不能把它锁在盒子里，或者把它藏起来。这样做你一定会生病的。最后，为了让我们闭嘴，也是为了向我们证明她绝对成不了兽医，她就向一所大学报了名。两年半以后，她以平均3.94的高分毕业了，还拿了生物学的学位。如今她已经被一所兽医学校录取了。

你不能屈服于你的恐惧，尽管这些恐惧可能会很强大有力。正如每天都有每天的天气一样，我们每天也都会有各种各样的情绪，但是，我们可以承认它，然后放置脑后。这都是攻克那座山头的一部分。有时候，当我们不能自己攻克那座山头时，我们需要别人的帮助。

问：你怎样处理骂你的邮件？

答：不要太放在心上。记住，拥有最后发言权的是你。如果别人想要那样气急败坏，至少说明他们看了你写的文章。有时候他们可能甚至也有道理。

对于批评性的邮件，我通常的回应是：“你可能是对的。”

宗教专栏[1]作家

我的宗教由对超级精神的谦卑的崇敬之心所构成：浩瀚无垠的超级精神在微末的细节中显露其自身，我们凭借短暂而孱弱的思虑仅能理解这些细节而已。

——阿尔伯特·爱因斯坦

真好玩，我竟然做了宗教专栏作家。马萨诸塞州的《爱国者纪事报》新分给我一个《信仰和价值观》专栏的写作任务；考虑到我一直想找一个幽默专栏的空缺，这个新任务可算是柳暗花明的意外。

此前三年里，编辑一直回答我说："我们已经有个幽默专栏作家了，但是，我们喜欢你写的专题报道，因此，你可以继续向我们寄专题报道稿。"于是我就继续向他们自由投稿，话题涉及很广。偶尔《爱国者纪事报》也会刊登我的幽默文章，我就一直希望着能有机会得到一个固定的专栏作家职位。

有一天，这家报纸负责宗教内容的"油箱"没油了，编辑就打电话给我。

"你以前写过一些很有趣的文章。你想清楚了吗？这个版面好难做的哦。"我当时的编辑莉莎·麦克马纳斯说。

[1]因我国国情不同，宗教专栏文章并不常见，但本文提到的一些技巧对如何应对某种专题专栏的写作具有借鉴意义。本文提到的一些宗教观点，如说健康的宗教可以使世界改善等，仅代表原作者或书中引用人士的看法。读者应对文中的宗教思想持批判的态度。

我冲动地尖叫起来：“让我来给你们写宗教专栏吧！我会写好的！让我来！让我来！”

“好的，我确定你一定能做好，”她说，“我会给你寄一份日程安排表的。”

我挂了电话，兴高采烈。然后，我突然意识到了：对于神学研究，我真正知道些什么？以前我是个天主教徒；后来好多年，我信的是新纪元-本土美国-佛教等不同思想的混合体；如今我是个研究《圣经》的基督教徒。在报纸的精神指南针上，我的信仰会把我放在什么位置呢？

我是否该讨论犹太教、基督教和伊斯兰教，并在社论中额外讨论印度教、佛教和巫术崇拜？在发表意见和传教之间的那根细细的红线是什么？我相信生物的进化是智慧设计的结果。我本想收获一个幽默专栏的职位，结果却钓到一个宗教专栏——哦，可别这样啊，我做错什么了？

显然，上帝也有幽默感。

因为不知道从哪儿开始，我就读其他宗教专栏作家的作品。有人利用自己的平台宣讲《圣经》，不加掩饰地使用耶稣之名，并引用《圣经》的文本。有人则讨论现代行为，用“性格”一词代替“道德”，但是显然地，信仰渗透了他们的写作视角。还有专栏作家分析宗教上的种种对立的看法，像老练的审判法庭上的律师一样操作自己的说理过程。密歇根州的一个美洲土著（印第安人）专栏作家大卫•熊步的某些文章则给那伟大精神的感知带上一种乡村的简洁风格。

宗教写作的方法范围很广，我得形成自己的风格。走进精神写作的领域，就要求作家做出个人的心灵探索。因此，我问自己问题，这些问题几乎适用于任何类型的专栏写作：

我是喜欢有一个专栏，不管什么专栏都好，还是我就是觉得宗教专栏点燃了一种特别的激情？宗教专栏给我提供了一个令我感到陶醉的挑战，而信仰一直是我生活的支柱。从事这个专栏的写作能深化我的理解，让我写一些有意义的内容，或许还能让我激励他人。因此，不错，我对这个前景感到很激动。

那么，我的观点是什么呢？

我应该是一个有信仰的鼓吹者吗？或者我应该是个讲述非凡生活经历的叙事者？做一个怀疑一切的神话打破者怎么样？生活中充满了精神层面的反讽，因此我可以写滑稽可笑的专栏文章。这些都是我内在精神生活的不同侧面，那么，哪一个才能代表我的观点呢？

作为宗教专栏作家，我的使命是什么？我想带给读者怎样的影响？我的目标是笑声吗？是个人的变化吗？是否该吸引读者去追求精神层面的东西？还是说，我应该以激发出不同的观点、引发辩论为目的？

如何最好地使用我的声音呢？以前读者说我的风格是“嘲讽的”“机智的”，而我自己最喜欢的风格是“宋飞[1]式的”。因此，尤其是在主题严肃的情况下，我该怎样把我的幽默专栏的写作风格转变为宗教写作的风格呢？

看在老天的分上，除了那位宇宙的总经理以外，我能从哪儿去找灵感？

哦，这太难了。是时候该请教专家了。

“你们这些家伙为什么写宗教专栏？”除了我自己这种计划之外的向编辑大喊大叫争取得来的机会以外，别人是怎样成为专栏作家的呢？

2002年和2003年，康涅狄格州《共和党美国人报》的特蕾西·欧莎尼西连续两年都因为她的专栏《星期日的思考》而获得了威尔伯奖。威尔伯奖专门颁发给在新闻业里宗教主题的杰作。她身兼数职，同时做编辑、记者和生活方式专栏的专栏作家，为什么还要在这样繁重的工作任务之外加一个宗教社论呢？

“超过90%的美国人说他们相信上帝，在西方世界里，我们国家上教堂礼拜的人口比例是最高的。我想，作为一个优秀的新闻人，你没法忽视这一点。而报纸如此固执地执着于世俗的事务，它们把所有宗教人士看作是狂热的盲从者，这太常见了。我们大多数人只是试图能够理解他人的感情并试图达成自己的希望。因而，当有些事情冒犯了有信仰的人士时——不管是涂了牛粪的麦当娜照片还是头巾上绑了炸弹的穆罕默德像——尤其是专栏作家，势必就得站出来说，这样做为什么会带来伤害。”她说。

比尔·塔缪斯为《堪萨斯城星报》写稿36年，其中有27年是为社论版写专栏。2004年3月，他成为一个“信仰版”的专栏作家，讨论宗教信仰、伦理、道德和精神生活方面的问题。他获得了2003年长老会作家协会颁发的大卫·斯蒂尔杰作写作奖，还获得了美国宗教学院及全国报纸专栏作家协会颁发的好几

[1]宋飞是美国情景喜剧《宋飞正传》中的主要人物，这部剧被认为是“荒诞的”。

个大奖。

塔缪斯把自己的写作角色称为“世界的阐释者”（当学者们解释或解读某些特定的文本，尤其是《圣经》文本时，这就是“阐释”）。

“作为专栏作家，我的工作是从我们周围看到的人和事中得出永恒的意义，并把这份有意义的礼物送给读者。”《意义之礼》（该书由密苏里大学出版社出版）的作者塔缪斯说。

按照他的说法，从“9·11”事件发生以来，宗教专栏作家的这一角色变得越来越重要了。

“他们（专栏作家）帮助读者理解宗教推动新闻的许多方式。他们把社会、文化、政治活动背后的宗教动机予以揭示。他们让读者了解到，这样那样的宗教立场如何带来了这样那样的公共政策或公共行为。他们不仅揭露宗教狂热导致灾难的种种方式，而且揭示出健康而有建设性的宗教使世界得以改善的种种方式。”塔缪斯说。

1994年，大卫·尤恩特把自己每周一篇的宗教专栏《神奇的恩典》通过斯克里普斯-霍华德新闻服务社以辛迪加投稿的形式在全国各地刊载。他写的第一本书是《信仰的成长——不情愿的基督徒指南》，该书深获好评，并在商业上获得成功，这让他全国各地的专栏读者深受鼓舞。他分享了对其职业目的的看法。

“我相信，宗教专栏作家的角色就是使受折磨的人得到安慰，使安心于现状的人（尤其是那些对自己的信念过于自信的人）受到折磨。我的一些读者希望我能够给出更多的行为指导规范。我认为那就是一种说教，因而拒绝了。反之，我想让读者做那种被宗教信仰所祝福的人，并使他们思考自己的责任。”他说。

尤恩特把自己看作是个“透露消息的人、评论员，而不是说教者”，他从读者难以归类的精神背景中形成自己的看法。对他来说，这就使他获得了不落俗套的写作的好处。

“他们必然能够看得出我是个基督徒，宣扬的是彻底的普遍基督教义。可是，要看出我属于什么宗教派别，那就很难。我是个教友派信徒，但我拥有三个由不同的罗马天主教大学颁发的硕士学位。”尤恩特说。他最近的一本书的名字叫《庆祝你的余生——婴儿潮一代的精神指南》（奥古斯堡书业，2005年版）

令人害怕的职业

就我自己而言，我的新职业有点令我害怕。具有讽刺意味的是，宗教渗透在有关爱和善的说教之中，然而，宗教话题却有可能在社会上产生分裂。大众就是一种爱扣帽子的动物，而且有些教派很残忍。虽然我还没有决定我的专栏要往什么方向走，但我早已招致了各种批评。

欧莎尼西是个“虔诚的天主教徒，坚定的温和派”，她给我带来了安慰。公众责任使她一直关注着行为的道德底线。

“过去我曾对宗教写作躲之不及，因为，在这个国度总是存在这样的担心，即如果你信仰宗教，别人就会称你为艾尔默·甘特里[1]。

“我发现，作为一个有信仰的女人，如果我不是在讨论政治、社会以及文化事件是如何影响我的，那么，我就未能真正把自己作为人来诚实地面对自己。因为宗教问题在所谓的‘文化战争’中占据中心舞台，所以我觉得有必要作为一个宗教人士来说出自己的看法。拒绝这样做就是放弃你作为记者和信教者的责任。”欧莎尼西说。

端出性灵

那么，对于宗教写作，是否存在一些有用的“宜忌”呢？是否存在一些要避开的陷阱，或者，是否有某个可以遵循的成功的格式呢？

一个办法是使宗教专栏文章的诉求多元化。

尤恩特从“生活方式”的视角来从事关于信仰和精神性的写作。他觉得他的专栏文章不仅仅局限于宗教版面。他很少写教派政治，也不局限于写基督徒和去教堂崇拜的人。尤恩特共写了大约600篇专栏文章，他的文章既出现在观点-社论版，也出现在生活时尚版。

“我要做的是旨在讨论那些有信仰的人应该思考并觉得自己承担一定责任的问题。因此我发现自己写的东西包罗万象，从克隆技术到关于永生的话题——关于爱、性、婚姻、怀孕、生死、疾病、自杀、幸福、家庭生活、暴力、战争与和平、美国梦、种族、普世价值、祷告以及社区等等。我还写那些因为其所作所为

[1]艾尔默·甘特里是美国同名电影（电影中文译名《灵与肉》）中的一个伪善的宗教人士。

以及其主张的内容而令人钦佩或令人厌恶的人。”尤恩特说。

他提供了他写作时遵循的原则：

- 一个良好的宗教专栏作家应该是宗教专家，就如同音乐评论员必须依赖其在音乐方面的良好教育一样。
- 不管是保守的观点还是自由的观点，都不要太过明显。对宗教应有广泛的兴趣和清楚的基本知识以建立视角。
- 娱乐读者、教育读者以使之明白，信仰是伟大的激励因素。
- 避免感伤的情绪和毫无来由的乐观主义。
- 要与教派间的斗争保持距离。
- 错了要承认。
- 要有点幽默感。

“我们都赤条条而来，对于如何掩盖我们的荒诞性的一面，从来都没有完美的办法。上帝真的是有幽默感的，睿智的作家会努力反映出这一点来。”尤恩特建议说。

要成为一个称职的宗教专栏作家，做好相关准备工作，坚持终身学习是必不可少的。就如何建构宗教专栏作家所需要的可以信赖的基础的问题，全国报纸专栏作家协会的前会长塔缪斯分享了一些极好的建议。

- 对于许多宗教的历史和发展过程要有一种敏感性。
- 知道你个人相信什么，知道什么时候可以把自己的信仰融入专栏文章里，什么时候不可以。
- 要有一个长长的、包含许多知识传统的资源清单，包括研究宗教问题却并非宗教信徒的学术界。
- 熟悉有用的网络资源，从Beliefnet.com这样的宗教网站到各种宗教、教派的官方网站以及adherents.com（一个基本可靠的关于宗教统计数据的网站）。还要知道代表不同信仰社团的公共信息人士。
- 要与当地的宗教领袖足够熟悉，让他们总会接听你的电话；即使他们不同意你的观点，也能相信你是公平的。
- 要有在你自己的宗教派别以外的其他派别参加过宗教礼拜活动的经历。
- 要知道最近出版的宗教出版物。

● 至少读一种学术性的神学期刊（我是长老会教徒，因此我读的期刊是《今日神学》，这是由普林斯顿神学院出版的季刊）。

● 随时准备一本好的列有不同宗教派别节庆的日历，要了解哪些节庆是真正重要的，哪些节庆是不那么重要的。

● 要让读者能够随时用电子邮件、电话和你联系，鼓励信仰团体把你列在他们的邮件列表清单上以获得新闻通讯和其他提示讯息。但是就读者和各种资源而言，你要明白你自己究竟能够读完多少，还有多少是超出自己范围的。

● 对于自己采访的对象要诚实，知之为知之，不知为不知。要是你对一个主教、喇嘛、和尚或尼姑说，你对某个故事的内在含义的理解需要帮助，那么，你几乎肯定可以得到你需要的帮助。他们希望你能正确地讲述他们的故事，而要误解故事的语气和细节是很容易的事。

● 读一些好的关于世界宗教方面的书。可以从休斯顿·史密斯[1]的作品开始。

● 可能的话，到那些其人口主要是由信奉美国的主要宗教——基督教以外的其他宗教的信徒构成的国度旅游。

● 读一些好的关于宗教的博客文章，比如说我的博客：billtammeus.typepad.com。

● 千万不要以为你的工作是要去建立或者是赞同某个宗教组织的神学观念、治理结构或宗教信仰活动。但是，要明白这样的神学观念、治理结构或宗教信仰活动是如何影响到大众的。

● 要知道在法院以及地方、州、联邦政府里的其他领域中有哪些宗教议题是热点。

● 要知道成为宗教领袖，比如说是成为一名牧师，需要接受什么样的教育、拥有什么样的其他资格。要了解目前各种不同的群体对于这类资格有怎样的不同意见。

● 了解各宗教团体内部是如何管理的。这将有助于使你避免给读者带来如下印象，比如说以为帕特·罗伯逊[2]是所有基督教派的代言人，或者犹太教、伊斯兰教等都是铁板一块（实际上它们内部存在着很多不同的派别）。

---

[1]休斯顿·史密斯是美国的一位宗教研究学者。

[2]帕特·罗伯逊是美国基督教联盟的创始人。

● 问你所在报纸的其他版块——从运动版、艺术版到警事版的同事，请他们把在各自领域得到的有关信息和专栏文章的想法告诉你。

● 只要应付得过来，就尽量多地接受各种机会发表公共演讲，并用这些机会鼓励读者和编辑们联系，鼓励他们去要求记者们比目前做到的那样更全面地报道宗教事务。

塔缪斯还说："宗教有能力为世界提供一种治愈伤口的力量，但是，它也能够造成浩劫和流血冲突，正如'9·11'事件中的恐怖分子所做的那样；在那天，他们以伊斯兰教的名义杀戮了近3000人，其中就有我的侄子。如果人们对宗教的广度和深度的理解不能比现有的情形更广、更深，那么，人们将永远不能使宗教成为一种持续的向善的力量。给读者以帮助，帮助他们获得这样的理解，这是宗教专栏的崇高使命。"

在获得很高成就的尤达[1]大师们的膝下聆听他们的教诲，我试着想象我自己开始做一个宗教专栏作家的情景，并做了一些非常不开心的比较。

我叹了口气："哦，我还没有正式开始呢。"

但是，分享精神世界是一个礼物，该礼物对不同的人来说有着不一样的包装。我决定，我要在专栏里讲述这样一些人的故事：他们遇到了一些似乎不可能做到的事情，他们认为是信仰帮助他们走出了困境。我将采用"被感召的观察者"这个视角。这会让我的文章有使用幽默的空间，还能促进我的专栏实现给人鼓励的目标。

随着我的写作越来越成熟（如果报纸不对我关上其天国之门的话），我希望我的文章会有深度、有见解，这样它们就不会辜负读者的期望了。进步是建立在经验之上的。这正是我认为进化是一种智慧设计的原因。

于是，和大卫·尤恩特的一篇专栏范文一起，我将和大家分享我的一篇文章，那是我作为一个刚刚起步的宗教专栏作家在起始阶段做出的努力。

[1]尤达是美国电影《星球大战》中的人物，是绝地武士们的领袖和导师。

正直的女人：霍特斯·托马斯不是在“布道”，而是在“称颂”

苏载特·马丁内兹·斯坦德灵

霍特斯·托马斯参加了位于美国马萨诸塞州兰道夫市隆巴多区的基督教波士顿教堂的礼拜活动。她身材壮实，眼睛清澈，只有对主坦荡真诚的人才有她那样的好体格。她说话用的都是诗篇中的语言。

“他会用他的羽毛将你覆盖，在他的羽翼下你会得到庇护。”霍特斯·托马斯说。她今年59岁，是波士顿亚瑟·布兰克公司的机械工。

她那圆形的蓬松卷发点缀了斑驳的灰色，脸上却没有一丝皱纹。她时常会突然地根据记忆说出一些诗句，随后就会现出笃定的笑容。

“这不是布道，这是赞美。”她说。

世界可能严酷而丑陋。在上班的时候，她有时候会把自己关在洗手间，用一两段《圣经》中的话来使自己坚强，因为种种讽刺、闲言碎语和粗话有时实在伤人。

托马斯是个正直的人，敢于坦诚面对自己的真实世界，但是，她疑心自己是不是来得太强大了。她其实非常渴望让内心变得谦恭温柔。在教堂的自助餐上，她靠餐桌坐着，说：“我在试图学会怎样控制我自己，因为我知道我在把人们推离我。我现在甚至在读一本书，名叫《我和我的大嘴巴——你的答案就在鼻子底下》。”

一个年轻女孩子走过来，又一次伸手拿自助餐上的土豆色拉。

托马斯拦住了她：“嗨，这是我第三次看到你拿土豆色拉了。你不要把吃的都一个人拿走，留一点给别人！”

那女孩偷偷走开了。

托马斯再次接上了自己的思路，继续说：“是的，就是乔伊斯·梅尔写的《我和我的大嘴巴》。你读过这本书吗？这本书真的对我有用。”

和每个人一样，她也是个“半成品”。

星期天，她走上讲台为上帝做证。她站得笔直，面容沉静和笃定。她说，她家共有10个兄弟姐妹，她是老大，在田纳西州长大。11岁的有一天，她上学回家，发现妈妈离家出走了。妈妈受够了在棉花地里干活的残酷折磨，在厌倦、疲乏中逃离了。

“我是那么爱我的妈妈，因此，真难想象，她竟会那么不爱我，竟会一言不发就离开了。”托马斯说，声音有点开始沙哑。

“一切苦难都是上帝给我们的磨炼。上帝不会让坏事发生的。是人们做出了错误的选择，让其他人受到了伤害。上帝就那样看着我们，看我们能不能把他找到，并在经历困难的时候依然和他在一起。耶稣曾经说过：‘需要医生的不是健康人，而是病人。’”她接着说。

听众中有人掉泪了。人们一边听一边想，10个被遗弃的小孩会怎样相互照看着长大。我听着，想，这对一个小女孩的自我认知和安全感该是多大的打击啊。这样了，你还能信谁呢？

托马斯拍了拍手中的《圣经》。她克服了自己的苦难，走出了田纳西州，一路完成了自己的学业，后来找到并原谅了自己的妈妈——这些，都是她生命中真正的奇迹。

在她看来，她的生命就像是在为迎接将来的挑战而被如同钢铁一样受到锻炼。在她认识到自己有多大能力以前，上帝早就知道了。就像是《耶利米书》1：5节的诗篇说的那样：

“在你还在子宫里成形以前，我就认识你了。”[1]托马斯引述说。

在托马斯讲述自己的故事时，基督教波士顿教堂里礼拜的人们高声呼喊着说：“对！”或者“拯救我们！”在欢呼声中，有人默默地反躬自省，回想自己花了多少时间才走出那些相对要容易得多的困境。

“没有上帝，你做不到这些的。”她说，手臂伸向天空，然后走下讲台。

福音合唱团提高了音量，50名歌唱者放声高歌。“我高举双手，向你奉献出谦卑的称颂……”合唱使隆巴多这里此时已经站立起来的人群显得更加高大了。

[1]《圣经·旧约·耶利米书》1：5节的普通话译本是：“我在母腹中造你之前，已经选拣了你，在你尚未出母腹之前，我已经使你归圣，指定你做万国的先知。”这段经文说上帝选中耶利米做先知。在基督徒看来，人所能达到的一切成就都是上帝的旨意。

托马斯走过鼓掌欢呼的人群，走进教堂的走廊。教堂人员向她伸出手，得到她一个满怀希望的坚定的拥抱。她成了正在湍急的水面上劈波斩浪的巨大轮船的船头。

看重贞操

大卫·尤恩特

最近我曾经约会过的一个小学同学和我联系上了。尽管都已经过去将近60年了，可我还是记得，当初我去她家接她出门的时候，她的爸爸是怎样刁难我的。但是，在过了约会的岁月后，转眼自己也当了爸爸，我对自己的三个女儿的那种保护心态和她爸爸完全一样。

保护女儿，这是做父母该有的常情。追逐放荡生活方式因而臭名昭著的男影星们会保护自己的女儿远离像他们自己一样的男人。事实上，追逐女性的爸爸们会教导自己的女儿说："要像我说的那样做，可不能学我的样子。"

我们很多人幸而容易忘事，不会记住久远以前的事情，但是，布兰妮·斯皮尔斯在十七八岁的时候曾经发誓说要把处子之身保留到结婚，这件事并不是很遥远。甚至是在那时候，对一个要靠性来销售自己歌曲的表演者来说，这似乎都是个仓促的决定。但是，她是在一个保守的基督徒家庭长大的，她的宗教对贞洁一事很看重，她是和这种价值观一致的。

每年都有几十万个美国青少年，包括男孩、女孩，都发誓说要等到结婚那天才尝试性。随着时间的流逝，他们中很多人没能遵守自己的誓言，可这些人不会为此而感到骄傲。最近哈佛大学的一项研究就证实，青少年所发出的贞洁誓言基本上是无效的，但并非没有意义——这些誓言没有强有力的效力是因为，它们仅仅依赖个人的意志。

该流行的“真爱应该等”的贞洁誓言是这样的：“我相信真爱应该等，因此我谨向上帝、我自己、我的家人、朋友、未来的伴侣和未来的孩子发誓，我将终身保持贞洁，从发出此誓之日起直到进入依据《圣经》而成的婚姻关系之前保持禁欲。”

不成熟的性内在的危险是很明显的。首先是有可能怀孕，可能得性病。而不成熟的性还会伤害到自尊，在青春期把性和爱分开，这会持续到成年，削弱婚姻。在最近几十年里，自杀成了青少年死亡的一个主要原因。成年人遇到心碎的问题时就已经够难以处理得当的了，青少年要是遭遇到拒绝或背叛，将有可能成为灭顶之灾。

作家罗伦·F.温纳为《纽约时报》撰稿。他证实了贞洁的价值，但是，他提醒说，这“并不仅仅是被动地等待（结婚生子），它还应该是让我们的身体主动地适应福音书所规定的规范，立即接受圣灵的感召”。推迟性就是承认，贞洁是上帝慈爱之心的礼物，我们应该为此感恩。

而且这还会得到别人的支持。温纳相信，各教堂都应该学习“十二步法则”——人们通过十二步法则来求助于上帝并相互帮助，以克服对酒精、毒品、赌博以及成年乱性的心瘾。卫理公会派的威廉·威廉蒙主教警告说，“没有获得社区其他人支持并被人们改造的决定往往都是短命的”。

圣奥古斯丁曾有一个非婚生子，还对情人非常迷恋。改信基督教时，他动摇过。他曾经有过一个有名的祷告：“主啊，给我贞洁吧——但是现在还不成。”如果我们严肃认真地看待孩子贞洁的价值问题，那么，我们就只能同意，守护贞洁绝非是一个“自己动手”的项目，它需要我们共同的努力。

【大卫·尤恩特最近出版的新书名叫《庆祝你的余生——婴儿潮一代的精神指南》（奥古斯堡书业，2005年版）。他的联系方式是：弗吉尼亚州伍德布里奇市2758邮政信箱，或者是dyount@erols.com。斯克里普斯-霍华德新闻服务社。经许可翻印】

特色专栏

我想调动我所有的感觉，让我感知到这世界的多姿多彩和卓尔不群。

——玛雅·安吉洛

写你热爱的东西，不要以为你感兴趣的东西没意思。到处都有人为某些特定人群写专栏，以满足他们的需求。尽管这样的特色专栏关注的焦点更集中因而读者面也更狭窄，它却因为有更高的市场营销潜能而能从大堆的专栏中脱颖而出。

下面是为某个目标读者群写作的例子。

- 卡罗尔·斯多克为《波士顿环球报》写园艺专栏。
- 《华盛顿邮报》的时尚类专栏作家罗宾·吉汉写关于名流和政治人物的时装评论。
- 杜安·霍尔兹和托德·霍尔兹兄弟创建了分类伙计辛迪加公司，该公司因其以报纸分类广告业务为目标的喜剧专栏大获成功而一飞冲天。
- 玛丽贝斯·希克斯的家庭教育专栏《再回当年》在《华盛顿时报》上刊载，并通过自我辛迪加的方式在互联网网站上登出。她鼓励读者重新思考他们教育、培养儿女的方式。
- 帕提·洛森为西弗吉尼亚的《查尔斯顿公报》写了一个专栏，

名叫《狗·食·约会》，后来出版了自己的集子《狗食——点亮你的生活》。

● 斯迈里·安德斯为美国路易斯安那州巴吞鲁日市的《支持者报》撰写《小话题》专栏，该专栏因把地方新闻、各种事件以及闲话巧妙地融为一炉而赢得了全国报纸专栏作家协会的多个奖项。

特色专栏怎样写

新加坡《今天日报》和马来西亚《刀锋报》的技术专栏作家吴耀就如何打造特色专栏文章和大家分享了自己的心得。

“不消说，你应该写某个你确实比较了解的事情，但是，这并不是说你就得必须对你选择的领域的每一件事都知道。那是真正的专家们的工作。

“你只需要成为能够最好地报道该话题的记者就行了。记住，很多专家并不知道该如何写好文章，他们尤其不知道怎样给大众写文章。

“和真正的专家交朋友会有帮助，这样你就能够利用他们的知识来写你的专栏文章。

“以信息技术为例，这是我关注的领域。我对信息技术有一定程度的了解——肯定比大多数普通人要多——但是我并不拥有计算机科学方面的学位。

“我做不到以写计算机软件来谋生，但是我认识很多能够像我写文章一样编写计算机代码的能人。当我想要理解某个与技术相关的复杂的东西时，这些人就是我要求助的对象了。

“我的才能就在于，我能把我理解到的技术用一种有趣而易懂的方式表达出来，同时还说明这种技术使用的具体场合。人们不仅仅是想知道某件事情的有关事实，他们还想知道，它会如何改变人们的生活、工作和休闲方式。

“作为特色专栏作家，拥有广度比拥有深度更重要。作家可以通过认识正确的人，向他们获得相关知识的方式获得深度。然而，广度却是一种内在的东西。你必须对自己的领域有广泛的理解，这样你才能讨论任何相关的话题。所以，你得广泛阅读。

“最后，公开发表不同的意见，以这样那样的方式表达强烈的观点。持有立场。这样，读者才会赞赏你。读者不想要空泛的观点，也不想要这也不是那也不是的观点。他们想要的是强烈的观点。”吴耀说。

弗兰克·凯泽的自我辛迪加投稿专栏《突然变老》旨在为美国的7900万50岁以上的老年人就老年问题代言。1999年，在他当初问询的时候，全国性的辛迪加组织回答说，“没有人会去读关于老年人的文章”。他的第一篇自我辛迪加投稿专栏文章《和50年前一样性爱》证明了这些辛迪加组织是错的。

他的文章如今在超过76家报纸上刊登，其中就有佛罗里达州的《圣彼得堡时报》；另外还在十几个网站上在线刊出。他在传统纸质报纸上的发行总量是270万份。

“绝大多数老年人报纸——全国或许有500家这样的报纸——都着重讨论疾病、欺诈、贫困、死亡等话题。我想用《突然变老》对所有这些现象做出纠正。从一开始，《突然变老》就讨论‘老年时刻’‘长寿的负面’以及（偶尔的）‘60岁后的性事’等话题，都充满乐趣。”凯泽说。

他的网站www.suddenlysenior.com包含长达3650个页面，该网站集合了幽默、支持老年人的议题、琐事、旅游以及怀旧等内容。它每个月获得来自131个国家的500万次点击流量。

凯泽的网站所有的编码工作都是他自己做的，这耗费了他大量时间。然而，他的网站通过广告业务和经营活动获得了可观的收益。报纸专栏给他的费用怎能与之相比呢？

“他们付给我的报酬很少。《圣彼得堡时报》发行量有30多万份，它支付的报酬是最高的了，每个月也就是100美元。”他说。

然而，和大多数专栏作家一样，对写作而不是对金钱的热爱，才是事业的最大吸引力。他的专栏至今已经持续有7年之久，成为老年人的首选读物，其成功的秘诀何在？

“我尽最大努力使文章具有鼓动性和幽默感，尽力做到绝对地诚实，言他人之未敢言，成为事件发生的推动者，突破别人否认的防线。在政府和医药企业、保险企业合谋来对老年人和我的美国同胞们巧取豪夺时，我要尽力成为政府身上的肉中刺。”凯泽说。

你的个人激情是什么？就写它。曾经有个老师极力劝我们为我们独特的美而庆贺——不管我们长相如何。他说：“即使你长了一个鹰钩鼻，鼻尖上长了一个大肉瘤，也总有人会欣赏它的。”

或许，对特色专栏而言，这话也同样适用。

第三编

专栏作家的内在世界

专栏作家是些什么人

诚实地做好你自己，说出你的真实感受，因为介意你说实话的人对你来说无关紧要，而对你来说重要的人则不会介意你说实话。

——索斯博士

每周写×次专栏文章就像……在2006年的一次统计调查中，专栏作家们给出的答案是：性。那么，这会使专栏写作的过程变得甘美呢，还是荒唐呢？或许兼而有之。此外，或许这也表明，如果是由专业人士来写专栏的话，这个工作就能在规定的期限里干净利落地完工，并能给读者在当天留下一丝光亮。

实际上，在这次调查中，“性”这个选项排名第二。排在首位的选项是“痛苦/负担/工作”。此外，还有些描述把专栏写作比作一个梦想的职业，比作写给朋友的信或与朋友的谈话，比作治疗过程，或者是视为在公众面前袒露自己。专栏作家的脑子里究竟在想些什么呢？

上面提到的调查是我当会长时由全国报纸专栏作家协会联合三藩市大学传媒学院共同发起的，该调查由J. 迈克·罗伯逊博士主持。该调查的初步结论已经于2006年在波士顿举行的全国报纸专栏作家协会年会上公布。

大约500名全国报纸专栏作家协会会员中，有154名做出了回应。三藩市大学计划通过和其他新闻业组织接触来继续对专栏作家的统计调查。因此它声称，下面的调查结果不能被视作是具有全部的代表性，也还不能看作是最后的结论。

然而，初步的结论看来已经说明了很多问题。下面是其中一些要点。

个人情况

给出回答的人中，96%是白人；大多数给出回答的专栏作家都在“四十多岁”；无论是专职的还是自由撰稿的，年龄中值都是51岁。（很意外的是，该调查没有问专栏作家的性别。）

至于所获的最高学历，自由撰稿人中的大约48%以及报纸专职专栏作家中的53%拥有文学学士学位。此外，自由撰稿人中的23%和专职专栏作家中的28%获得了硕士学位。

发行量

有几家报纸刊载你的专栏文章？

在自由撰稿人中，52%在一家报纸上刊载专栏，有28%在2—5家出版物上刊载专栏。

作为对比，72%的专职专栏作家为一家报纸写作，他们中15%的同事会同时在20家以上的报纸上登载专栏（这15%可能也就是指那些为大的辛迪加组织撰稿的人）。

时间长度

你做专栏作家多久了？

在所有被调查的专栏作家中，从事专栏写作的时间的中值是7年，而大家报告的职业生涯则从两个月到45年不等。

报纸在职的专栏作家中，写作时间在5年以下的占34%；自由撰稿的专栏作家中，这个比例是48%。

其他职责

针对在职专栏作家的问题：如果你只在兼职在为报纸写专栏，你还做了别的什么工作？

编辑：22%。

多个职务：22%。

记者：14%。

社论写作：8%。

版式设计：6%。

指导原则

你在写作专栏时，报纸是否给你提出了明确的基本法则？

自由撰稿专栏作家：25%回答是，75%回答否。

在职专栏作家：17%回答是，83%回答否。

这些基本法则中，最重要的是什么？

来自不同自由撰稿人的回答是："要切合地方特色""不要涉及政治""少用第一人称""要乐观向上""要有趣味""要检查拼写错误""不能引用匿名者说的话""不能仅仅是观点，要有强有力的分析""要打破砂锅问到底"。

在职报纸专栏作家的回答有："与当地新闻相关""没有什么法则，写就行了""不要惊动某个工会组织""报道""不要一个人呆在房间里（闭门造车）""内容要得到许可""向读者传达出'我的个性'来""不要篇篇专栏都引用首席主教的话""不言而喻的是，我该有丰富的写作经验"。

注意：有位专栏作家提到了他自己的基本法则——不经我的同意，一个字都不能改动。

钱

你能挣多少钱？

在职专栏作家收入的中间水平在5万到6万美元，大家报告的收入范围是2万到15.4万美元之间。

对自由撰稿人来说，一篇专栏文章的价格在5美元到300美元之间不等，中间价是50美元。自由撰稿人从专栏写作中得到的收入在其总收入的比重，其中值是10%。

如果你的专栏文章在网络上刊登的话，你有得到补偿吗？

在所有接受调查的人中，93%的人都给出了响亮的回答：“没有。”

在过去十年里，与通货膨胀相比，作为专栏作家，我的收入有什么变化？

下降了：自由撰稿专栏作家——74%；在职专栏作家——48%。

持平：自由撰稿专栏作家——24%；在职专栏作家——42%。

提高了：自由撰稿专栏作家——2%；在职专栏作家——10%。

至于演讲活动，59位在职专栏作家中，有33人说每年会有5—10场公共演讲的机会；演讲活动“几乎总是免费”的情形，中间值是71%。在有报酬的活动中，报酬在25美元到1500美元不等。

比较而言，81位自由撰稿专栏作家中，有40人每年有3—6场演讲的机会，演讲活动“几乎总是免费”的情形，中间值是37%。有报酬的演讲，中间水平是每场250美元。

有更多的在职专栏作家相比自由撰稿人认为，自己“在工作中觉得更有安全感了”。

过程和产量

按照从高到低的次序排列“使专栏写作成功的要素”：

- 用普通记者做不到的方式创造叙事或故事。
- 用丰富多彩的个性化的写作风格（包括句式、用词和生动的比喻）。
- 提供记者未能提供的对事件的解读。
- 把重要的问题或事实告知社区民众。
- 代表普通报纸读者的价值观。

写一篇专栏文章要多长时间？

总体上的中间值：2—4小时。

在职专栏作家说，写一篇专栏文章可能会花两小时，也可能会是两天，这不一定。自由撰稿专栏作家说，从10分钟到几个月不等。

你多久写一篇专栏文章？

在自由撰稿人中，有53%的人每周写一篇，也有28%的人每个月或每隔一个月写一篇。

在职专栏作家中，86%的“全职”专栏作家每周写两篇或两篇以上，66%的在职“兼职”专栏作家每周写1篇专栏文章。

你的专栏文章写出来后，有几次被枪毙掉？（包括所有回复）

从来没有被毙掉的：52%。

1—5次的：46%。

我在同时开3个或3个以上的专栏。（包括所有回复）

是的：41%。

没有：59%。

你一共发表过多少篇专栏文章？

自由撰稿人中，其中间值是400到500篇，得到的数据是从24篇到3000篇不等。

比较而言，在职专栏作家发表的专栏文章的中间数是1000到1500篇，少的是25篇，多的发表高达7500篇。

主题问题

什么话题获得最多的读者回应？

自由撰稿人：个人生活——43%；政治/有争议的话题——21%。

在职专栏作家：个人生活——21%；政治/有争议的话题——50%。

自由撰稿人更多地认为“成系列的自传”是吸引读者的主要话题；换言之，读者对专栏作家的生活、思想、日常生活、成功以及挫折感兴趣。

你写的是什么样的专栏文章？

自由撰稿人：幽默专栏——51%；评论专栏——19%；一般性的感兴趣的话题专栏——7%；政治专栏——6%；都市专栏——2%。

在职专栏作家：幽默专栏——37%；评论专栏——22%；都市专栏——19%；政治专栏——14%；一般性的感兴趣的话题专栏——7%。

新的趋势

在工作职责以外你还开了个人博客吗？

自由撰稿人：77%的人说“没有”。

在职专栏作家：88%的人说“没有”。

越来越多的博客是否改变了你的专栏写作？

自由撰稿人：90%的人说“没有”。

在职专栏作家：82%的人说“没有”。

对新的专栏作家来说，最有机会的特色专栏有哪些？

网络专栏：自由撰稿人——10%，在职专栏作家——6%。

政治专栏：自由撰稿人——8%，在职专栏作家——3%。

幽默专栏：自由撰稿人——8%，在职专栏作家——3%。

特色专栏：自由撰稿人——3%，在职专栏作家——25%。

（这里的“特色”是包括各种专题专栏的总称，比如技术专栏、科学专栏等。）

你服务的报纸有在职专栏作家离开以后，谁顶替了他的位置？

新的在职专栏作家：40%。

自由撰稿人或通信服务：27%。

没有替代专栏的情形：33%。

动机和心态

从高到低排列主要的“专栏作家满意度来源”：

- 美学表达/创造性表达的自由
- 表达自己观点的自由
- 帮助他人
- 名气
- 钱

下列因素对你的写作有什么影响？

专栏作家从高到低排列了影响因素：

- 写作的频率
- 读者
- 长度
- 编辑

● 截稿期限

绝大多数接受调查的专栏作家不认为“专栏作家应该客观”。但是，同样多的接受调查的专栏作家觉得“专栏作家应该公正”。

总体上，专栏作家“同意”以下说法：

● “好的专栏作家同时也是好的记者。”

● “专栏写作是一门艺术而非仅仅是一种技巧。”（幽默专栏作家尤其支持这种看法。）

大多数在职专栏作家赞同如下说法：

● “我的同事认为，做专栏作家比做新闻记者、专题作家或编辑容易。”（多数自由撰稿人对此未发表意见，或表示同意这一说法。）

● “编辑在修改我的专栏文章时会征询我的意见。”（比较而言，在对文章做编辑改动时，很少会问及自由撰稿人的意见。）

● “应该给专栏作家支付比普通报纸记者或编辑更高的报酬。”（自由撰稿人对此大多没有发表意见。）

● 死亡威胁——受到过1—5次死亡威胁的专栏作家中，在职专栏作家（占51%）比自由撰稿人（占13%）要多。

关于娱乐性和大众讨论之间的话题表明，专栏作家存在一种有趣的心态：

对下列说法，专栏作家表示强烈反对：“专栏作家可以支持某些不受欢迎的或有争议的立场，不是因为他们相信这一立场，而是因为这样可以使他们的工作更具有娱乐性。”（29%的人同意，66%的人不同意）

然而，对于如下说法，专栏作家们就意见不一致：“专栏作家可以支持某些不受欢迎的或有争议的立场，不是因为他们相信这一立场，而是因为这样可以推动大众对这些议题进行讨论。”（49%的人同意，45%的人不同意）

值得吗?

该调查的最后一个问题是：“如果当初你就知道你现在知道的情形，你还愿意做专栏作家吗？”

愿意——95%的人这样回答。

专栏作家的伦理问题

好名声胜过上等的香膏。

——《传道书》第7章第1节

你拥有的是一个令人垂涎的平台。专栏可以激起争议，提供教诲，令人愉悦或者为有价值的事业争取大众的支持，万众追捧或声名狼藉都会给你带来出书或演讲的机会。写专栏能够为作家打开大门。

然而，对某些人来说，专栏作家就是“开门的人”，想要推动某些议程的人会用各种办法来向专栏作家献殷勤。利益冲突以及不当的行为会威胁到作家的信誉，这时，这个职业的灰色一面就出现了。有些专栏作家走捷径，他们抄袭他人，或者是捏造人物或事件，结果毁掉了自己的职业生涯。

其他一些行为也与职业伦理有冲突，例如利用专栏来泄私愤或者鼓吹某种被收买的观点。接受礼物也有可能是存在问题的。职业伦理的问题涉及很广的范畴，但归根到底，它要求作家公正、值得信赖、表述准确。

请用真实的人物

一个错误的观念是：既然专栏写作包括讲述故事，那么为了使故事好看，夸大事实也是可以的。错了——一般而言是错了。

除非你的专栏本来就是讽刺或者是寓言性的作品，否则，读者期望你的细节是符合事实的。除了上述例外，专栏文章不能使用虚构的人物、地点或事件。夸张和润色都是撒谎。要抵抗那种想要虚构对话以便使你的主题“听起来更好”的诱惑。人们付钱给专栏作家不是要让他们写短篇小说，除非是提醒了读者注意这是例外的情形，否则，他们就应该观察真实生活，报道真实生活。

有些作家以使用虚构的人物和事件来表达观点而著称，例如幽默大师艾特•布赫瓦尔德。在这种情况下，读者是知道该专栏作家的讽刺风格的。

然而，有时候以真实写作而为人所知的专栏作家突然写讽刺文章来换换风格。要注意，这样做对有些读者来说可能会造成混乱，因此，要确保使读者知道文章说的并非事实。

“在使用幽默或讽刺时，读者应该清楚地知道，这种写作风格是在逗乐。不要低估读者想要按照字面意思理解文章的意志。每一篇专栏文章都应该包含一些明确的话语或提示以便使读者知道，你的文章究竟是第一人称的新闻、是编造的权威意见还是实实在在的无厘头。”《阿肯色州民主党人报》的编辑本•珀洛克这样建议。

在现场

第一人称叙事要求对某个事件有第一手的亲身经历。如果你这样写：“暴徒们成了一个挥动的拳头……”那么，读者就假定是你亲眼见到了这个场景，而不是你那记忆力像照片一样清晰准确，耳朵神奇得听得到各种对话的朋友或同事。

类似地，不要把预先写好的，事件尚未发生而假定它已经发生的故事提交出去。要是你想充当先知来获得利益，往往就会事与愿违。

谁说的?

在文章中给出准确的信息来源至关重要。这意味着让读者知道事实、数据或研究是什么人提供的。尤其重要的是，在引用某人的话时，需要给出信息来源。对于信息来源问题，不同的报纸有不同的政策。在新闻学领域，波因特学院是受人尊敬的信息来源。在它的网站www.poynter.org上，有篇文章《给出信息来源：讨论与争论》总结了关于这个话题的各种视角，从最严格的到最宽松的依次排列为：

最严格的：任何内容，如果不是记者通过亲眼目击这种第一手方式获知，或者根据公认的知识而得悉，那么，就必须给出这些内容的提供者的名称。

中间程度：如果信息对大众具有特别的重要意义，不存在其他的揭示该信息的方式，该信息的来源可靠而且信息提供者的偏见已经得到明示，那么，在这样的情况下，可以使用未给出名称的信息来源，但只是用作迫不得已的办法。

最宽松的：过多地提及信息提供者会使报道或叙事变得嘈杂喧嚣，尤其是在把并非是亲身经历的事件以报道的方式加以重构的时候。核实故事的真实性，把所有信息来源揭示给编辑，在“需要知道”时为读者提供信息来源，这些都是记者的职责（因此专栏作家可以不加理会）。

瓦尔特•布拉什是个通过辛迪加组织写专栏文章的作家，曾做过新闻记者。他从各种新闻机构赢得过100多个地方性和全国性的奖项，目前他是个大学的新闻学教授。对提供信息来源这个问题的其他一些方面，他和大家分享了自己的看法。

引用匿名来源，或改变信息提供者的名字

“戴面罩的消息来源”的例子表现为：“今天某位和总统关系密切的人士透露……”或者“匿名人士称……”。

在揭示消息提供者的姓名有可能危及其生命或工作时，掩盖其身份是必要的。但是，按照布拉什的说法，伪装只能是例外，而不能是常态。

“如果你非得给别人换一个名字不可，那么，要注明为什么要这样做。我个人讨厌这样对消息来源遮遮掩掩的做法，这会使读者怀疑专栏作家的可信度，因为，对爆料的人说‘为了保护你，我会使用化名’，这太简单了。”

“要让爆料的人流汗。通常你得问该消息的提供者是否可信，还要问，这个人为什么要给你透露这个消息？这对他们来说有什么意义？他们是否在利用你来达到他们自己的政治或个人主张？”他说。

揭示共同的消息来源或者相互关系

有时候专栏作家会使用由兄弟机构雇请的消息来源。例如，《华盛顿邮报》

和《新闻周刊》隶属于同一家公司，为这两家出版物做报道的记者分享消息来源。按照布拉什的说法，对读者而言，这其中的相互联系或许并不是那么明显，因此应该表明出来。

类似地，也应该向读者表明专栏作家自己和采访对象之间的个人关系或职业间的关系。

“总是要说明你的关系。有时候这只是在专栏末尾加一个补充说明。”他说。

请改一下我说的话

你进行了一次采访，为你的专栏记录了一些很了不起的可以引用的话和细节。然后，被采访者对自己说过的话有些后悔，就打电话给你，要求对他说的话做出改动。这些话改动后就有可能使你的故事发生变化，甚至有可能使你的故事被埋没，这时，你是否应该改用这些新的“改善的”引文？

“我们每个人都有说话闹肚子的时候。”布拉什说。布拉什建议采访时要录音。一般来说，对于那些“重要新闻”的采访，当初采访时说的话是可以站得住脚的。在被采访者要求对他们说过的话做出改动时，布拉什会试图发现其背后的影响：

- 他是不是害怕了？
- 他是否是在操纵我或者是在利用某个别的什么人？
- 当初他是否对我撒谎了，现在是想纠正吗？

“我会尽力查明真相，而真相对于理解当事人的个性可能会有重要意义。”布拉什说。

很多专栏作家都说，这会是一个私人电话。

《堪萨斯城星报》的比尔·塔缪斯说：“任何人要是想对他曾经说过的话做一个180度的转变，那么我都会对这个人特别警觉。听起来像是这个人很不稳当，或许他说的话根本不值得在文中采信。”

他会要求被采访者以书面的形式提交改动的要求，但是塔缪斯保留做出最后决定的权力。

《沃斯港明星电讯报》的戴夫·利伯可能会对经验不足的被采访人比较同情。在被采访人要求做出改动时，他有时候会咨询编辑的意见。

“如果被采访的对象是个完全不熟悉新闻业规则的小老太婆，那么，她总是可以做出这样的决定，改变自己当初说的话，对此，我们表示尊重。但是，如果被采访的人是个公众人物，那么，我们总是拒绝这样的改动要求。”利伯说。

加拿大《温尼伯自由新闻报》的琳达·雷诺兹则总会在采访时录音。

“如果他们打电话来的目的是想澄清自己说的话（也就是‘我说这句话的时候我希望你理解我的意思是……’），我可能会给他们一定程度的改正的余地。不过，话虽然是这样说，但是，如果我一开始就表明自己是个记者，告诉他们谈话会被录音，然后才进一步问问题，那么，所有谈话内容就都记录在案了。”

《纽约时报》的莫拉·凯西说：“我会建议他们去看心理医生，然后把我的笔记本扔掉，因为，如果我不能依赖笔记本上的内容，该采访就毫无用处。因此，这些材料我根本就不会再采用了。”

受惠于人

礼物、门票或旅游之类馈赠会影响专栏作家，使专栏作家对某个采访对象有好感。采访名流或高官是件令人头脑发热的事。渴望得到对方的欣赏或想要保护自己得到特权或特殊待遇的机会，这都会侵害到写作的独立性。

“最重要的人是读者，而不是信息来源或编辑。专栏作家需要时刻记得读者想要什么，需要什么。”布拉什说。

而读者想要的是严格独立的观点。在涉及自己的网球伙伴时，要写揭露阴暗面或者不文过饰非的人物特写是很难动笔的。专栏作家和新闻记者越来越多地和他们的消息来源（采访对象）打交道，一切都以“获得信息”的名义进行。结果，按照布拉什的说法，专栏作家成为他们所报道的文化的一部分，他们提交的故事稿件或可让编辑当作是娱乐消遣使用，但它们对读者而言就没有新闻价值了。

“记者们参加晚会，想要在空军一号[1]上得到好的座位。这样他们就已经不再保持距离，也就不再是在做观察、报道了。”他说。

[1]空军一号是美国总统的专用飞机。

接受礼物

有些专栏作家会接受礼物。这些礼物可能是些为了吸引注意力而制作的促销宣传品，比如钢笔、小摆设之类。有时候别人会给他们一些价值较高的东西，比如免费的餐厅就餐券、赛事活动入场券等。对于什么礼物可以接受，什么礼物不能接受，很多报纸都有相应的政策。

然而，接受礼物是否符合专栏写作的伦理呢？底线在哪里？一条钥匙链和一天的免费高尔夫场地费可以同等地对待吗？

特蕾西·欧莎尼西是康涅狄格州沃特伯里市《共和党美国人报》的专栏作家、记者、编辑。如果是写评论，她会接受图书、节目演出的记者专用票或展馆的艺术品目录，因为这些是她写文章时需要的部分资料。

否则她不会接受礼物，还会告诉送礼的人说，她会把这些礼物捐赠给她支持的一个当地收容所。

“和我相比，那里的人们更需要杯子、T恤和巧克力。”她说。

美国路易斯安那州巴吞鲁日市《倡导者报》的专栏作家斯迈里·安德斯很喜欢他收藏的那些作为礼物送给他的咖啡杯。如果当地某个商贩给他带来一盒可口的薯条，他也会很高兴地嚼完它。

“我想，关于‘不要接受礼物’的问题，你不妨极端一点。《倡导者报》说‘具有象征性价值’的礼物是可以接受的，而有可能被视为‘为特别报道而提供的贿赂’的任何东西则必须退回。”安德斯说。

雷诺兹说：“我的信誉就是我的货币。在这个城市里，我不能接受任何人的恩惠。你需要确定一条道德底线，坚守它。”

小东西不会让她紧张流汗，但是，比如说，她不会让某个政治人物给她吃饭买单。她觉得那样不适当，会传达出某些错误的信息。然而有时候，接受某种象征性的礼物也是无伤大雅的。

“如果在‘读书月’里我去幼儿园给某个班的孩子朗读，过后他们送我一个装满了豆豆糖的镌刻有学校名字的咖啡杯，我会接受的。老师是在教育孩子们学会感恩，学会怎样表达感激之情。这个时候，拒绝的话就不得体了。”雷诺兹说。

布拉什写了16本书，大多数都把历史和当下的社会问题融为一体。这些书包括《美国的那些不爱国的行为——联邦政府违反宪法权利和人权的事例》

（2005）、《性和单罐啤酒——传媒与美国文化初探》（2006）、《“不可接受”——联邦政府对卡特里娜飓风的反应》（2006）等。

他相信，所有礼物都会影响到收礼者，不过有可能只是潜意识的影响而已。他建议问问如下问题作为简单的自我测试：

● 这个礼物会影响到你的看法吗？它是否令你感到对信息提供人更友好一点了呢？

● 如果读者知道你收了这件礼物，他们会怎么看？他们会质疑你的信誉吗？

● 如果没有“样品”或者免费入场券，你还是会报道这个事件吗？

● 你是否能够区分送来用于评估的东西和用以引诱你为它做广告、写好评专栏的东西？

故事写出之后的表达“感谢”的礼物有可能会和预先送给你的礼物一样具有诱惑力。这样的礼物有可能会令专栏作家升起一种对未来“回报”的预期。送礼的人也可能会有所期待。

“答谢的礼物对公关而言是很好的，但是对于新闻业而言就不好了。可以预期，将来可能还会有别的报道，记者或许能够潜意识地记住这份礼物，从而对消息提供者更友善一点。”布拉什说。

接受钱财

从个人或某个群体那里接受钱财看起来可能会损害专栏作家。一个显而易见的罪行就是为某个自己支持的观点而明目张胆地行贿。但是，当专栏作家被邀请去给某个社团群体或组织去发表主题演讲时，演讲费算不算接受贿赂呢？

有些报纸避免任何可能会被理解为特殊支持的行为，它们不允许自己雇用的专栏作家接受演讲费。别的一些报纸则由专栏作家自己判断。自由撰稿人通常会有更多的灵活性。

塔缪斯认为，一个通用的规则是，记者和专栏作家不应该从他们写作的对象那里获得酬金。报纸在职专栏作家接受酬金，应该得到编辑的许可。但是，并非所有演讲活动都存在利益冲突。

“有的情况下，接受有报酬的演讲完全没有职业伦理问题。例如，假如我的儿子得了唐氏综合征，而我在某个全国性的唐氏综合征组织里很活跃——可我在专栏里写的是地方政治——那么我就看不到有什么理由不允许我去，比如说费城，在这个全国性组织的年会上发表演讲，谈论我们家的经历，并接受一笔演讲费。”他说。

塔缪斯往往会把获得的收益主动捐赠给慈善机构。

雷诺兹说：“我不接受演讲费。但是，我会对活动的组织者说，我希望他们给我们当地的食品银行[1]一笔捐赠。”

安德斯说：“请我演讲我不收费，但是，如果组织者是按照惯例给演讲者一笔演讲费的话，那么，我也会接受。只是我不会主动问他们要。”

然而，也有很多专栏作家，他们的职业生涯本身就包含了有偿公共演讲的内容。在专栏写作之外，他们可能是写书的作家、传媒人物或表演艺术家。他们在公共场合露面，包括了主题演讲或激励性的演讲、做主持人、办培训班或者主持电台节目。有些报纸在编的专栏作家如戴夫·利伯同时也在从事有偿演讲的工作。

利伯自己出版了一本书《让我做噩梦的狗》，还常常在各种人群和协会面前作为重要人物发表演讲，这一切都是在不与其在《沃斯港明星电讯报》的在职报纸责任发生冲突和完成了报纸责任之余做到的。

他的个人指导原则是：

- 不接受其报纸发行范围内的任何组织机构的酬金。
- 如果在其报纸发行范围内有人给他提供了一笔酬金，那么，他会用以下三种办法之一来处理：

——拒绝接受；

——把酬金捐赠给他最喜欢的某个慈善组织；

——向该团体送与演讲费等值的书或CD，这些书和CD以后还可以用作礼物送人。

- 对于预约的外地的演讲，利伯运用如下原则来处理：

——遵循自己报纸所定下的规则；

——把这次活动的细节告诉报纸的管理层；

——“为避免利益冲突，将来永远都”不会写任何有关这个组织的文章。

[1]食品银行是美国、加拿大等地的一种非营利性福利机构，依赖爱心人士或机构的捐赠，每周向不能购买足够食物的贫困家庭免费发放食品。

因此，对于要给什么样的人群发表演讲，利伯是要加以挑选的。例如，他举了北美更年期协会的例子。

“要是我接受了他们去演讲的邀请，我以后就都不太可能写有关更年期问题的文章了。”他说。

通常来说都会出现一些不同的情形、不同的机会。专栏作家会尽力避免利益冲突，避免不正当的交易，会根据具体的场合做出个人的判断。

不妨用以下问题来指导你：要是读者知道我接受这件礼物（门票、餐费、旅行、酬金）背后的完整事态，他们会怎么看呢？

长岛[1]洛丽塔[2]遭遇新闻业的下流坯

瓦尔特·布拉什

电话响起来的时候是星期一早上6点，所以我知道是马希鲍姆的电话。他一定急于想让我听到他最新的爆料。他没有让我失望。

“可以多给点钱吗？”他小声说。

“自从我写幽默专栏以来就没有了。”我回答。

“太糟糕了，”马希鲍姆说，“我要卖给别人了。”

“把什么东西卖给别人？”我懒洋洋地问。

“是有关我和艾米·费希尔[3]的生活的猛料。”

“你和那个长岛洛丽塔有染？那个开枪打伤情夫妻子的少女？”

[1]长岛位于美国纽约市，西端是市区的布鲁克林和昆斯，东端是郊区的纳苏郡和苏福克郡。一般说到长岛，多指常用于度假的郊区；该地西海岸夜生活丰富，海滩极尽奢华。

[2]洛丽塔是俄裔美国作家弗拉基米尔·纳博科夫（Vladimir Nabokov）写的同名小说中的女主人公。该小说描述了中年男人对青春少女的病态情欲。后来，人们称那些年轻的（尤指9—14岁的）少女为“洛丽塔”，有时简称为“萝莉”。

[3]艾米·费希尔（Amy Fisher）是美国纽约长岛人。她开着16岁生日那天父母送她的汽车出了意外，因修车而结识了修车店店主Joey Buttafuoco，并对他一见倾心。为了能够见到Joey，她甚至故意制造车祸，以便前去店里修车。很快，她就成了Joey的情人。1992年5月，不足18岁的她来到Joey家，开枪击中Joey的妻子Mary的脑袋，致使后者右耳耳聋，左脸面瘫。该事件当时引起巨大轰动，艾米·费希尔被媒体称为“长岛洛丽塔”。

“事实上我曾经在她爸妈开的裁缝店里买过布。但是我想，他们当时跟我说起的有关他们女儿的事，在现在的新闻市场上卖几千美元不成问题。”

“他们跟你说了些什么？”我问。

“别这么着急啦，你得花钱才行。最近的小报你看了吧？像我这样的故事，他们可愿意花钱买呢。”

“你瞧，马希鲍姆，”我说，“我给他们写专栏的这几家报纸是讲原则的。一般总是讲原则的。他们不会为这样的爆料付钱的。”

“可别人都给钱！”他猛然说道，“那个被枪击的女人和她老公，还不知道他是不是艾米的那个爱吃比萨饼的情人呢，就给了30万。某个前任男朋友，得了5万。某个枪手也得了一大笔钱。某个雇佣文人就整个事件写了一本平装本小说，得了25万。任何曾经和她同在一个乡下住过的人，都能得到几千美元。为了制作关于艾米·费希尔电影节的电视节目，花了几百万美元。此外还有六七个通俗电视节目、几个脱口秀以及所有的本地新闻等等。这可是个价值十来亿的艾米产业呢。”

“可这些都不过是廉价的娱乐新闻而已，”我说，“报纸更关注时政新闻。”

“可不是嘛，”他讽刺道，“就像纽约市那些派摄影师给各家各户标明房屋边界的报纸那样吗？还是像侵入她那上层社会的老家并采访每个邻居的记者军团那样？还有，那些被娱乐业聘请做‘顾问’的报纸记者又是怎么回事呢？”

“我一点也不想写什么青春美貌的花痴勾搭汽车修理店老板之类的东西，”我说，“何况他们每花一个小时报道这个有致命诱惑力的雏妓，他们就少了一个小时用于调查腐败问题。他们每把一栏目尺寸的报纸篇幅用于这件事情上面，他们用于讨论经济和医疗保险危机的篇幅就少了一寸。”

“汽修厂修理工引诱少女走向犯罪人生——这样的独家新闻怎么样？”他问，“这个新闻，我要价可以稍微低一点。”

“他为人可能是有些猥琐，”我说，“可是没有证据表明他曾经要求他所谓的情人去杀死自己的妻子。”

“确实是这样，”马希鲍姆说，“丝毫没有这样的证据，可是电视上报道这件事的时间比他们报道海湾战争和总统大选的时间都要多。此外，你可是唯一一个没有写这件事的人了。你的编辑难道不会担心你没能给他们提供最新新闻吗？有罪恶报纸才会畅销啊。它能给出版商挣钱。出版商给罪人加薪来回报他们。坦率地说，现在你已经远远地落后了。”

“好吧，马希鲍姆，你知道的究竟是什么好东西，它既可以帮我保住饭碗，还能让我获得普利策奖中的轰动新闻奖呢？”

“就像我说的，我可不是傻瓜。这东西太热门了，我可不放心把它交给某个不愿付钱的人。”

“我说了，我有职业伦理的。”

“职业伦理可不能让我在‘维多利亚的秘密’零售店买东西，”他说，“何况这相对来说还很简单。你得到了独家新闻，知道了艾米的父母为什么从来就不奇怪，他们那才16岁的女儿不仅有BP机，而且她的道奇Daytona轿车虽然几乎全新却总是不断因车祸变形。该轿车安装有自动导航仪，可以引导车子直接开进她的情夫开的汽车维修店。你把这些内容写进你的专栏，某些下三滥的出版商或出片人手里拿着一堆钞票就给你打电话，甚至付给你更多的报酬。每个人都会舒舒服服的。”

“每个人，只是除了读者以外。”我说。

“就是读者想要这玩意啊，”他提醒我说，“他们会先读有关丑闻的新闻，然后才会读关于贫困和医疗保险危机方面的新闻。”

“你说的或许是事实，”我说，“但是，这个故事我还是不写了。我的读者只好继续不知道某个被宠坏了的少女和她那肮脏通奸者的事情了。”

“等别的‘复制品’都抢了你的先，你的编辑用别的某个‘相当可靠的消息来源’取代你时，你可别跟我哭哭啼啼的。”我说我只好冒这个风险了。“顺便说一句，”马希鲍姆在挂断电话之前简洁地说，“我肯定你怎么样都要根据我的这个电话里谈到的内容写一篇专栏文章的，所以早上我会寄一个账单给你。”

【选自瓦尔特·布拉什著《性和单罐啤酒——传媒与美国文化初探》（2006），经许可转载】

专栏作家可以有“朋友”吗?

虔诚要求我们敬重真理胜过我们的朋友。

——亚里士多德

专栏作家是一群特殊的人，至少人们把你认出来之后感觉起来就是这样。有时候人们的反应是友善的，有时候是恐惧。要是你写的是本地发生的事情，很自然地，那些大人物和大老板们就都希望你能把他们写得好一点。

然后你得知了一些事实，这些事实可以充分而严厉地揭露出某个市议会议员的丑行，可是，该议员的儿子和你的儿子却是同一个足球队的队友。或许你所在的扶轮社[1]有个成员对你非常友好，可是他并不适合担任公职。竞选临近的时候，你有资料证明，某个针对他的负面评价言之有理。

在写到那些你本来可能会喜欢的人物时，塑造一个负面的新闻形象可能是件很为难的工作。如果你接受这个工作，那么，受到批评的那些人肯定会怪到你个人的头上来。

[1]扶轮社是按照国际扶轮社的规章成立的地区性社会团体，最早成立于1905年美国芝加哥。它以增进职业交流及提供社会服务为宗旨，其成员须来自不同的职业，对来自同一行业的成员设置一定比例，成员必须在固定的时间及地点每周召开例行聚会。

20年来，《费城每日新闻》报的斯图·白可夫斯基都在推出重磅专栏。他的文章因充满了义愤而力量十足，妙趣横生，尖刻泼辣，既被人爱，也被人恨。他承认，他的专栏确实让他付出了精神上和生理上的代价。然而，让公众知情是他的职责。

“你有三个选择：或者是装聋作哑，或者是用比较温和的方式处理，或者是猛扔水雷，全力以赴。

“第二个选择，故意克制着不猛烈抨击，这是最糟糕的。如果你要扣动扳机，你就应该瞄准靶心。”2005年在得克萨斯州召开的一次全国报纸专栏作家协会的会议上，他对专栏作家提出了这样的建议。

要预计到别人会躲避你、排斥你、痛恨你。有权势的人对于把他们的恶行曝光的聚光灯的反应是很糟糕的。

“在我的专栏里，把我列入其中的失宠者名单比斯科特卷纸都要长。只要你保持公正，就不用担心那些人会在路上给你使绊子。这很可能表明你的工作做对了。”白可夫斯基说。

攻击：是针对职业还是针对个人

并非每一个专栏作家都运用全面的正面的进攻方式。每个作家都有自己的表达批评意见的方式。有的专栏作家可能会用一种很强硬的“不留战俘”的态度，有的则会提出有针对性却又讲究策略的反对意见，还有的可能会选择幽默来作自己的武器。这不是风格的问题，而是提出事实的勇气的问题。正如电影《教父》中的角色迈克·柯里昂说的那样：“孩子，这不是个人问题，这纯粹是公事公办。”

一边是公众的知情权，一边是个人的感情，这两者有可能会把专栏作家撕裂开来。话虽这样说，然而，要做到公正，作家就得做出准确而完整的报道。为了揭露真相，就不能隐瞒任何信息，就要竭尽全力。要从经过调查的事实和合乎逻辑的论辩中占据有利位置，从而总是保持在可以为自己辩护的地位。对某人行为的批评不应该越线进入人身攻击的范畴。

为了判断自己的专栏文章是否误入了人身攻击的领域，白可夫斯基采用他自己的“公正性测试”，方法是：

把你自己的名字代入到专栏文章中。

把你的文章朗诵出来，看看你的感受如何。

是的，这有点伤人，但是，内容准确吗？

“如果基于同样的理由你却不喜欢别人这样说你，那么，你或许应该考虑改一改措辞。” 白可夫斯基说。

表达一定程度的尊敬

态度强硬的写作不局限于社论或都市领域的专栏作家，任何涉及批评的专栏都会产生敌人。心怀尊敬、报道准确，这会强化专栏作家的立场。

“你可以和某人较劲，批评他们，并做到甚至他们自己也会承认你的批评是公正的。你不能揪住别人往死里整。”《纽约时报》的专栏作家莫拉·凯西说。

罗宾·吉芙汉为《华盛顿邮报》写时尚专栏，她的工作职责包括对新的时尚款式提出批评意见，或写关于设计师的文章。有时候，她的评论文章是言辞犀利的批评。

“对于那些你和他们有某种持续的职业关系的人，你必须得意识到应如何批评他们。一篇糟糕的评论令人感觉难以接受的地方在于，该批评似乎涉及人身攻击或对被批评者的工作未予以重视。无论我是否认为某件时装是在浑身发出恶臭，可是，把它推向T台展示的人是付出了艰苦的工作的，他是怀着激情，对该时装是满怀信心的。如果你是时尚领域的专栏作家且必须要发表赞美或厌恶的看法，那么，你就得记住对别人的工作表示尊重。”吉芙汉说。

避免令人憎恶的上纲上线，即使是与别人的观点极端不一致也要这样。吉芙汉是2006年普利策奖批评奖的获得者，她分享了做评论时她所遵循的基本原则。

“找到你的声音，找到一种可以自在地表达观点的方式，但不要过火。

“我写的是人们有意识地做出抉择的东西，比如衣服、发型、化妆。我不会写人们的生理特征，比如身材、不好的肤色或皱纹。这些东西超出了我们评价的范围，因为对这一类的东西我们没办法控制。

“确保你的论辩过程是有节制的、体谅的，这样的话，即使别人不同意你的看法，他们也能看出你是如何得出这样的结论的。他们过后可以解构掉你的逻辑，但是至少他们可以看出你所采取的逻辑步骤。”吉芙汉这样建议。

幽默专栏作家运用笑来指出令人不快的真相。是否人人都能按公平的游戏规则行事呢？

大卫•巴里遵循的一条原则是，他不会取笑那些没有防卫能力的人。

“我选那些有能力反击的人。”2006年在代顿市举行的厄马·邦贝克作家研讨会上他这样说。

北达科他州曾经想改名为“达科他州”以便提升其形象，巴里就写了一篇专栏文章对这种努力予以嘲讽，他因此被该州列在敌对分子的名单上。

“北达科他州大福克斯市的人们把一个污水处理站献给我，把它命名为大卫•巴里污水处理站16号，这等于是发布公告说我的作品就像人类的粪便。”他笑着说。

在恣意批评的时候，是否存在什么忌讳的话题呢？

“我想，诸如强奸、大屠杀和‘9•11’这样的事是不会有趣的，但是，你可以围绕某些事件的边缘交叉地带写作。比如说，‘9•11’事件不好笑，但是，关于航空交通安全检查所发生的事情就好笑。”巴里说。

近在毗邻的恨

据戴夫•利伯估计，他在《沃斯港明星电讯报》做专栏作家所揭露的一些丑事已经令很多人陷入困境，甚至使某些人丢了饭碗。当他在城里某个地方和这样的人相遇时，他说，见面的时候大家也都还是客客气气的。尽管他在专栏里对这些人是持批评的态度，但是，他对自己批评的对象给予了尊严、尊敬和公正的对待，而且大多数他写到过的人都认识到这一点。

“我不谩骂，也不取笑他们，在我的文章发表以前，我总是会给他们陈述的机会。”利伯说。

然而，有时候文章引起的怒火和痛苦不会平息，甚至有可能蔓延到专栏作家的家人身上。利伯记得，有一次他的报道使他的孩子们上学的那个地区的学校主管被辞退了。

“这个学区里有些人永远都不会原谅我。所以我就告诉我的孩子们说，他们的爸爸只能站起来捍卫新闻自由，告诉他们我必须要做好自己的工作，把某个其行为显然违犯了州法律的人赶走。

“当孩子们在学校里感受到这件事情的影响时——他们在学校里总是会感受到的——我就教他们顺其自然，并向他们解释究竟发生了什么事情：心胸狭隘的人会被洗脑，相信他们那肆无忌惮的领导是优秀的。如果他真的优秀，那现在他怎么就不再在这里了呢？”利伯说。

普通人怎么样?

正如那些被专栏批评过的人可能对作家说的，“我原以为你是我的朋友”，有时候，专栏作家或许会向别的人提出同样的问题。

当专栏作家从视野里消失的时候，这样的情形就有可能出现。或许专栏被取消了，或许专栏刊载的时间缩短了，或许作家承担了报纸里的另一个任务。突然，所有曾经得到的关注消失了——邀请函、电子邮件、电话等——呼！

“我原来还认为他们是我的朋友呢。”你或许会说。

白可夫斯基提供了一个检测真相的办法。

“你遇到的大多数人并不是坏人，但是，他们需要你的平台来达到自己的目的。只要你明白你和他们是一种公事公办的关系，这都无所谓。只要你的事务和他们的事务有重叠之处，他们就会经常联系你，但是，一旦你对他们不再有用了，那你就成为历史了。”

他分享了关于“友谊”的一个很有价值的经验。

“几年前，我是《每日新闻》的专题编辑，当时城里的每一个特邀嘉宾名单上都有我的名字。没有哪个开业仪式、哪个晚会是没有邀请我去参加的。两年半以后，我突然被从那个职位上调走，换到夜间版的办公桌前。

“我就像是来到了古拉格集中营。我什么都不是了。我感到伤心。被我那些所谓的朋友抛弃了，我感到很难受。但是，这让我得到一个教训。

“他们是在邀请我的头衔去参加那样的晚会。他们不是在邀请我。

“多年以后，我开了专栏，我知道我该预期得到些什么。我在我的专栏、我自己和我的朋友之间建了一堵墙，划清了界限。”白可夫斯基说。

通常的情形是，要把自己的职业和自己的人格区分开，这需要印度教中的八臂女神的心智。所以，不妨简单点。你早已经知道谁是你的真正的朋友，他们很可能根本不会要你在专栏里给他们一个特写。作为专栏作家，把工作做好需要你说出全部的真相。有时候这会令人发狂，人们可能会怕你、恨你。但是，重要的是，人们会尊敬你。

第四编

专栏之外

噢，那些你可以随专栏一起到达的地方

德布·迪桑德罗

德布·迪桑德罗是个职业演讲人、自我辛迪加投稿的专栏作家。15年多了，她一直在给作家做培训，帮助专栏作家走出专栏领域做深度的营销。她写过两本电子书《于是你就想做专栏作家了》和《是的，你可以写得更有趣些》。她是《离谱辣妈的故事》（鹅鹕出版公司，2003）一书的作者。作为一位幽默大师，她在演讲中谈到一些“稍稍有些离谱”的关于生存的成功策略。

在本文中，迪桑德罗就如何推广专栏文章的吸引力，如何创造新的机会分享了她的一些看法和建议。

我最喜欢的关于如何实现伟大梦想的书之一是索斯博士写的《噢，那些你可以到达的地方》。作为专栏作家，我觉得该书传达的信息和我尤其相关，所以我把上一次研讨会上的题目定为《噢，那些你可以随专栏到达的地方》。听起来或许有些自相矛盾，但是，要想真正获得做一个专栏作家的好处，你必须要思考专栏以外的东西，走出专栏。要比你以前想得更远一点，走得更远一点！

你的专栏只是躺在你面前的激动人心之旅的开端。1990年，我写出第一篇“稍稍离谱”专栏的时候，那只是我希望将来有一天可以在辛迪加投稿的一个幽默专栏的名称而已。16年以后，“稍稍离谱”成了我的公司和商标的名称。它是我事业生涯一切的基础。

在我们最开始做专栏作家的时候，我们通常专注于两个主要目标：能够让我们写的专栏文章在报纸上发表，然后就是让我们的文章通过辛迪加在全国发表。然而，要是我们更深入地挖掘，我们会发现，我们的真正目的远远超越了这个狭小的范围和视野。

在成为专栏作家之初，有两个问题值得一问：

“我的专栏的目的是什么？”

“我希望通过我的专栏做到什么？”

这两个问题可以为你开启一个全新的世界，改变你对你所做的事情的看法，改变你决定要选择的方向。

对我来说，以上问题的答案是：“我想使人们发出笑声。”但是，更重要的是，在令人们对我以及我的错误发笑的同时，我想要他们看清他们自己，让他们知道他们并不孤独（因为别人也和他们一样犯同样的错误）。在听过我的故事之后，我想让人们深深地、轻松地叹口气，说：“哇，至少我还没有那样反常！”

注意到刚才我用的是“人们”一词而不是用“读者”吗？单单这个简单的改动就能扩大你的方向。如今，在你的专栏之外，你可以找一找别的大道来让人们接受你的信息。你可以创建一个网站，用来分享你的看法，登载你的专栏文章。你可以把与你的话题相关的文章介绍给杂志和电子期刊。你可以向听众、企业和各种组织做讲座。你可以写书。你可以向电台或电视台寄送段落样张。你可以制作自己的节目并向大众推销。你可以创建自己的产品和服务。开阔的视野能够让我完成所有这些任务以及别的事情。

如果你从目的和满足某个需求的角度思考，那么，你就有可能成为你所在专业的人人追捧的专家。吉姆·米勒是“读懂老年人”（www.savvysenior.org）网站的创始人，这是一个为老年人提供知识的问答专栏。他曾帮助自己的父母跨越过许多人生老年期遇到的障碍，见到了这个日渐庞大的老年人群对有关知识和信息的需求。当吉姆开始用自我辛迪加的方式推出这个专栏的时候，他的目的就是要让尽可能多的老年人得到他们所需要的资源。因为他的目的很明确，所以吉姆说他选择用白菜价提供自己的专栏。他不希望某个报纸会因为他要价过高而拒绝登载自己的专栏文章。如今，“读懂老年人”已经在400多家报纸上刊载，吉姆则毫无疑问成为大家争相追捧的这个领域的专家。他在美国全国广播公司（NBC）的《今日》栏目上有一个常规节目，而且最近还出现在消费者新闻与商业频道（CNBC）上。

走出专栏的领域对很多行业来说都是可行的。虽然写《问讯建筑师》专栏的提姆·卡特开始的时候是个自我辛迪加专栏作家，但是，六年以后，当论坛传媒服务公司向他伸手的时候，他接受了他们提供的辛迪加服务。

“我加入了这个公司，因为这可以把我解放出来做别的事情。”他说。卡特的专栏如今在100多家报纸上刊载。他的网站是一个伟大的成功案例，表明专栏作家可以怎样利用好自己的信誉并把它转变成其他收入来源。

“和登载我的专栏文章的报纸给我的报酬相比，网站为我赚的钱要多得多。”卡特说。他补充说，每天有2.4万人登录他的网站www.askthebuilder.com。除了网站上的广告商以外，他还制作了电子书。

在选择专栏话题和专栏重点的时候，要选择一个能够揭示你的业务的名称或标题。这个名字常常比你自己的名字都更加容易为人记住。提及你的网站的最好办法就是，直接说出网名，比如说www.slightlyoff.com。在想到建筑业的时候，提姆希望你想到……《问讯建筑师》。在你需要有关老年人的建议时，吉姆想要你想到……读懂老年人。我在创造专栏标题“稍稍离谱”的时候，我不仅有了一个独特的幽默专栏的名字，而且还不知不觉地创造了一个品牌，创造了一种生活哲学！我已经成为如何用“稍稍离谱”的方式减轻压力，在日常生活中找到更多快乐这方面的行家。我的使命就是要帮助人们放下那种“尽善尽美”综合征，拥抱他们那个“稍稍离谱”的一面。

在我的“稍稍离谱”研讨会上，我还创造了一些反映我的品牌的人物：离谱医生是个智慧而妙趣横生的医生，他负责开出“稍稍离谱”的处方；离谱辣妈是个有自己独特的“稍稍离谱”风格的超级妈妈，不过她更健康、更快乐。这个品牌也用在了我的《离谱辣妈的故事——为真相、正义和干净内裤而斗争》一书中。

是的，我是个专栏作家，可我首先是个“稍稍离谱”的人。

因此，径直往前走吧，想象一下你的专栏能够把你带到什么地方去。享受这个旅程！下面给出一些供你开启航程的建议。

● 建立专栏的时候，要知道你接触公众的目的或者说总体目标何在。

● 确保你的专栏可以满足某种需求——你不仅仅是提供一个专栏，而且还是在为你的目标听众提供资源和信息。

● 成为你所在领域的专家。

● 探索能让读者了解你的各种方式：演讲、产品、电台、电视、研讨会、特殊礼物等。

● 找到某个噱头，一种表现你的信息的独特手法，一种能够使你和普通人群区分开来的东西。

● 用你的专栏信誉当作获得其他收入的途径。

● 选好一个可以反映你的信息的企业名称或商标名称。

辛迪加投稿

任何为钱而写报纸专栏的人可能都可以被归类为虚构的人物。

—— W.布鲁斯·卡麦隆

辛迪加投稿——这个词本身就能使有志向的人们激发出一种珠穆朗玛峰高度的敬畏。人们会热切地希望，将来某一天可以攀登到那个高峰。至少那是在大本营的时候大家都在讨论的问题："我怎样才能被辛迪加组织看中呢？""他们在找什么？""我该跟谁联系？"

在我们戴上防滑登山鞋底开始漫长、冰冷的往上攀登之旅以前，让我们对整个探险活动有个清晰的认识。

自我辛迪加

自我辛迪加是自由撰稿专栏作家对自己的作品予以销售、营销和管理，其优点是可以对作品的艺术水准和经济问题有完全的控制。其不足之处可能是，作家可能在营销和管理上花费的精力比花在写作上的精力要多。此外，作品的发行范围以及随之而来的收入只局限于自己个人的努力。

英勇的自我辛迪加撰稿人可以根据在本辛迪加投稿指南的其他地方找到的观念和建议稳步前进。

本章主要讨论由第三方提供的辛迪加投稿。换句话说，就是那些负责为他人创作、用于出版的作品做销售和发行工作的商业实体。下面是两种主要的辛迪加例子。

传统辛迪加投稿

能够增加收益的办法是通过某个成熟的辛迪加组织投稿，该组织为报纸和其他传媒的出版提供内容。很多传统的辛迪加组织在其网页上张贴有投稿规则。本章末尾列出了一个传统辛迪加企业的清单，所以，你可以把你的登山防滑钉戴着，着手攀登就是了。

要是被辛迪加组织接受的话，专栏作家就和该辛迪加签订一个独家代理的合同。辛迪加独家代理人会把专栏作家的作品卖给报纸和其他内容使用者（电台等），销售收益则传统上由辛迪加组织和专栏作家五五分成。

一篇专栏文章能得到多少钱呢？根据创造者辛迪加公司的总裁里克·纽康布的说法，辛迪加组织向每家问他们要稿件的报纸收取3到300美元报酬不等。这样，专栏作家的收益是其中的一半。

稿酬是根据报纸的发行量来定的。一般而言，报纸越大，它为每篇辛迪加投稿的专栏文章支付的报酬就越高。

通常稿酬是根据“历史先例”而定的，换言之，是根据顾客先前为内容支付的价格而定。但是，有时候，特别的专栏作家可以要求得到更高的报酬。

“安娜·兰德斯可能会高达每篇文章600美元，但是这非常少见。”1987年创建了创造者辛迪加公司的纽康布说。

但是，如果说过去曾经有过一夜之间就同时登上几百家报纸的情形，那么，现在这种情况就不再有了。

畅销书《和我那青春期女儿约会的8条简单原则》（Workman出版公司，2002）一书的作者W. 布鲁斯·卡麦隆于2001年和创造者辛迪加公司签约。

同年，另一名辛迪加成员、幽默作家托尼·柯恩海瑟退休了，卡麦隆被提名填补他在50家报纸上留下的空缺。当时预计，卡麦隆的辛迪加发稿将在几年后增加到200家报纸。

但是，2001年9月11日发生的全国性悲剧使得一切都改变了。一个不那么重要的副产品是，很多报纸都不愿意填补它们留下的幽默专栏空缺。

所以，2001年，卡麦隆的辛迪加投稿开始只是在7家报纸上刊载，如今他的专栏已经登上了50家报纸。即使是已经加入了辛迪加的专栏作家，登载他们作品的报纸数量还会慢慢继续增加。

“要想对收入有任何显著的影响，你必须得有20多家发行量大的报纸或100家以上中等程度的报纸登载你的作品。对只有不足12份报纸的专栏作家来说，自我辛迪加投稿是更加现实的选择。”卡麦隆说。

传统辛迪加投稿方式的优势在于能够同时投稿，有机会在几百家出版物上发表。而且，辛迪加组织负责了所有事务：营销、发行、催款、收款、向作者付稿酬。

2007年，美国传媒事务组织从几乎每一家日报那里收集关于辛迪加专栏作家的数据。该研究的部分内容是检查“刊载报纸数量最多的前10位专栏作家”，该研究侧重于日报。

保守派的专栏作家乔治·威尔名列第一，他的专栏文章在328家日报上刊载。作为对比，排名第十位的专栏作家是中间派柯奇·罗伯茨和史蒂芬·罗伯茨，他们共同署名的专栏在49家日报上同时刊载。

大卫·巴里的专栏曾经同时在500多家报纸上刊载，但是，如今，这样的辛迪加水平很少见了。

通过报纸联盟做辛迪加投稿

这种方法收入要少些。一个集团公司旗下可能拥有或经营着一个报业家族，该集团公司建立有自己的新闻服务辛迪加。这样的辛迪加可能会在其所属的报纸成员间分享内容，包括分享专栏文章。于是，专栏作家可能为某个特定的报纸写稿，但其专栏可以在该报纸连锁集团中的任何其他报纸上刊载。作家往往不会获得额外的报酬，而且他还因为签有合同而不能给传统辛迪加写稿。这种辛迪加不会带来财富，但是，其好处是，作家可以拥有更大的发行量，更多的读者，而且还有机会打开别的大门。

为某个报纸连锁集团中的子报纸写稿的专栏作家并不是自动地进入这种辛迪加的。专栏作家应该问问他合作的编辑，看看是否有可能成为这样的辛迪加作家。或者他可以问那些在该报纸集团做辛迪加撰稿人的其他专栏作家，寻求他们的指导。

够了。即使是像电影《驱魔人》中那样360度旋转的脑袋都没办法比得上关于辛迪加的所有各种迷雾。因此，上面的基本知识就谈到这里。下面我们不妨讨论一个更重要的问题，那就是：怎样才能使辛迪加的聚光灯照在你的头上？

挤进辛迪加投稿的行列

“挤”这个说法听起来好像是说，我们先得蜷缩在电视剧《黑道家族》的主人公托尼•索普拉诺家的地下室里似的。没有进入辛迪加行列不算是什么罪吧？

让我们先假定你按照传统辛迪加组织在网站上登载的指导原则，向他们提交了专栏文章的样本。你被他们选上的机会有多大呢？

以创造者辛迪加公司为例，这个概率是千分之一。

“我们每年接到大约7000份投稿，而我们只推出3位新的专栏作家、3位动漫作家。”纽康布说。

机会很小，但是并非不可能。在你计划攀登这座辛迪加高峰的时候，请再次诚心地评估你的目标：你希望你的专栏能够做到的究竟是什么？你是在为谁写作？你的目标读者是什么人？

他们究竟想要什么东西？

在辛迪加组织看来，令专栏作家脱颖而出的究竟是什么呢？纽康布分享了他对于其中一些决定性因素的看法。

- 某人能够提供从别的地方得不到的信息。
- 精彩的文笔。
- 绝妙的分析。
- 有一群已经被认可的读者，就是说，是畅销书作家或报纸的最受欢迎的专栏作家。
- 鼎鼎有名。

罗伯特•C.科勒在论坛传媒服务公司任编辑12年了。作为一个有30年获奖经历的记者，他写了一个辛迪加专栏《平凡的奇迹》。按他的说法，该专栏“部分是政治上的争议，部分是世俗的祷告”。在为论坛传媒服务公司服务的时候，他是阿丽亚娜·赫芬顿、已故的艾特·布赫瓦尔德等人的编辑。

“最好的辛迪加作者是那些以明智的方式挑战极限的人。”他说。

科勒同意，专栏作家如果备受欢迎，拥有大群追随者，那么这确实会增加他被辛迪加组织接纳的可能性。和报纸一样，辛迪加企业也在行业内发生了快速的变革。自然地，它们也会倾向于那些经过考验的、被证实是有读者感召力的作家。互联网的发展以及在各通信企业的融合与分化中展现出来的经济力量也对报纸内容产生影响。

“它们（辛迪加组织）对于为有天赋的无名人士开发市场这一块，兴趣大大降低，尤其是在通常的评论领域。”科勒说。

2007年，美国传媒事务组织所做的研究报告说：“全国60%的日报每周刊登的保守派辛迪加专栏作家的文章比进步的辛迪加专栏作家的文章多。”

在论坛传媒服务公司，科勒说：“政治评论大约占我们辛迪加发稿量的一半。另外一半则是各种包括健康、旅游、闲话、星座等在内的特色专栏，还有一些生活方式以及幽默专栏。”

因此，如果你更多的是写宠物而不是写政治，那么，你的作品不就命中注定了吗？

令人惊奇的是，科勒觉得，在得到辛迪加企业青睐的过程中，与天才的文笔相比，运气是更具决定性的因素。

“获得全国性辛迪加组织的认可，这更与运气、与你认识合适的人以及与你恰好在适当的时候位于某个适当的地点有关，而不仅仅是纯粹的写作质量问题。写得好当然有用，但这并非是严格要求的条件。要是达到某种程度的散文写作水平就能自动打开大门，该多好！

“我读过很多优秀作家的作品，而他们还没有能够进入辛迪加供稿系统；另有很多写得一般的人，却成了辛迪加供稿人。谁会得到进入辛迪加供稿人团体的机会呢？一旦进入这个团体，谁又能够成功，能够成为编辑们的宠儿呢？这都是谜。”科勒说。

W.布鲁斯·卡麦隆说，当然，“我是非常非常幸运”。多年前，他曾参加过一个电台节目，节目主持人、前白宫助理奥利佛·诺斯问他是否有某个辛迪加组织帮他推广专栏文章。

“当时我承认说我曾经做过努力，不过没有能够得到辛迪加组织的青睐，他就许诺要帮我写封信给创造者辛迪加组织的总裁——后来他真的写了这封信。就这样，我的专栏文章就从该组织的总裁办公室直接传到各个编辑手上，于是我就成为辛迪加加盟作家了。”卡麦隆回顾往事说。（2006年，卡麦隆获得了罗伯特·本奇利最佳幽默作家奖和全国报纸专栏作家协会的最佳幽默专栏作家奖。这并不完全是运气。）

专栏写作不应该把加盟辛迪加当作终极目标，而是说，应该把加盟辛迪加组织当作事业前进的很有价值的工具。在卡麦隆加盟创造者辛迪加组织之后，2002年，根据他的作品《和我那青春期女儿约会的8条简单原则》改编的电视系列剧也开播了。如今，他的新书《和我女儿结婚的8条简单原则》将在2008年出版。

“我每出版一本书，我的粉丝数量就增加一些，这也能帮助创造者辛迪加组织把我的文章卖给更多的报纸。因此，加盟辛迪加可以看作是我写作生涯这张三条腿凳子的一条腿，它在我的整个事业战略里占据着重要的地位。

“我在给成功这只奶牛挤奶时所坐的这张三条腿凳子包括了专栏、图书和影视。这张凳子摇摇晃晃，我总是不断地从上面掉下来，踩到牛粪上。”卡麦隆说。

下面是他对于如何走向辛迪加组织所给的建议：

- 与其盲目投稿，不如试试私人间的交往。
- 和那些你认识的加盟了辛迪加组织的专栏作家联系，请他们帮忙介绍。
- 如果你是在为报社工作，报纸编辑很可能认识辛迪加组织的代表。问他要这个代表的姓名和电话。

此外，《编辑和出版人》杂志（www.editorandpublisher.com）的编辑戴夫·阿斯特热心于报道有关辛迪加的话题。找找他写的书面的报道和网上报道。如果要找更小一点、更新一点的地方性的专业辛迪加组织，可以查阅《编辑和出版人辛迪加服务机构名录》。

最后，我们别忘了，新的交际形式正在扩大对内容的需求。专栏作家对辛迪加组织的成功是至关重要的。

“我们经营的不是报纸业务，而是内容业务。因此，我们的很多新的业务来自新媒体——iPod、手机、网络等。我们的目标是找到最好的内容。我们的资产就是我们代理的专栏作家和漫画家。”纽康布说。

对于那些永远都没有加盟辛迪加组织的人来说，又怎么样了呢？

科勒说：“因特网提供了一个可以即时讨论的公共论坛平台，这对传统媒体而言是一种健康的挑战，但是就其自身而言，它是不挣钱的。然而，它显然可以在完全地绕过辛迪加的同时放大个人的声音，并创造出可以让很多人阅读你的机会。”

辛迪加企业和网络——从哪儿寻找投稿指南

本·S.波洛克　丹·圣伊夫

下面的列表摘录自《全国报纸专栏作家协会辛迪加加盟指南》。经许可使用。

Canadian Artists Syndicate（加拿大艺术家辛迪加组织），包括 Miller Features Syndicate（米勒特写稿辛迪加）

网址：www.artistsyndicate.ca/，网页左边链接有投稿指南

Copley News Service（卡普利新闻服务社）

网址：www.copleynews.com/copleynews/navigation/default.asp

投稿指南网址：www.copleynews.com/copleynews/Frontpage/Submissions.html.

Creators Syndicate（创造者辛迪加公司）

网址：www.creators.com/

投稿指南网址：www.creators.com/submissions.html.

King Features（国王特写稿辛迪加）

网址：www.kingfeatures.com/

投稿指南网址：www.kingfeatures.com/subg_column.html.

The New York Times Syndicate（纽约时报辛迪加）

网址：www.nytsyn.com/syndicate.html.

无网上投稿指南

Tribune Media Service（论坛传媒服务）

网址：www.tmsfeatures.com/tmsfeatures/maincategory.jsp? catid=23

投稿指南网址：www.tmsfeatures.com/sub-missions.html.

United Media (United Feature Syndicate and Newspaper Enterprise Association [NEA]) [联合传媒（联合特写稿辛迪加和报纸企业协会）]

网址：www.unitedfeatures.com/ufsapp/home.do.

投稿指南网址：www.unitedfeatures.com/ufs/submissions.html.

Universal Press Syndicate (Andrews McMeel Universal)（寰球新闻集团）

网址：uexpress.com/

投稿指南网址：www.amuniversal.com/ups/submissions.html.

Washington Post Writers Group（华盛顿邮报作家团体）

网址：postwritersgroup.com/

投稿指南网址：www.postwritersgroup.com/submissionguidecolumn.html.

如果要找更小一点、更新一点的地方性的专业辛迪加组织，可以查阅《编辑和出版人辛迪加服务机构名录》。该名录可在各大图书馆或者以下网址获得：www.editorandpublisher.com/eandp/resources/syndicate.jsp.

因为上面所列的一些组织相对来说寿命不长，所以要查询能够获得的最新版本。

上面所列的是通常所定义的辛迪加组织，而不是新闻社。范围最广的新闻机构包括美联社和路透社。它们通常不接受自由撰稿人的专栏稿件，除非是通过其属下的子报或订阅使用其新闻的报纸向它们投稿。

别的新闻社从属于报业集团。这些报纸连锁机构的补充性新闻服务只会向他们自己属下的报纸或者其他报纸推广其在编人员的专栏文章。一般来说，它们不会帮助自由撰稿人做辛迪加投稿的业务，除非是这些撰稿人和其某个旗下的报纸签订了单独的合同。这些有合同关系的自由撰稿人的文章有可能为集团内部各报纸供稿。如果你的专栏已经被某个连锁企业属下的某家报纸刊载，那么可以问问你的编辑，了解相关辛迪加投稿的事宜。

这类新闻社包括：

Gannett News Service（甘尼特新闻服务社）

网址：www.gannett.com/web/newspapers.html.

Los Angeles Times-Washington Post News Service（洛杉矶时报-华盛顿邮报新闻服务社）

网址：www.newsservice.com/

McClatchy-Tribune Information Services（麦克拉奇-论坛资讯服务社）

由论坛传媒服务公司以及此前的Knight-Ridder/Tribune Information Services（奈特瑞德/论坛信息服务社，后被麦克拉奇-论坛资讯服务社收购）营销

网址：www.mctdirect.com/shared/mct.html.

Newhouse News Service（纽豪斯新闻社）

网址：www.newhouse.com/aboutnewhouse-news-service.html.

The New York Times News Service（纽约时报新闻社）

网址：www.nytsyn.com/newsservice.html.

Scripps Howard News Service（斯克里普斯·霍华德新闻社）

由E. W. Scripps Co.的子公司United Media营销

网址：www.shns.com/shns/g_index2.cfm? action=home

网页制作者通常总是在不断微调的，而且这一类网页页面也有可能过期。因此，你可以试试用因特网搜索引擎搜索一下该辛迪加组织的全名以及“专栏投稿指南”。

博　客

每一个朋友都代表了我们内心的一个世界，一个直到朋友到来之后才出现的世界，一个只有通过这种相遇才会诞生的世界。

——阿娜伊斯·宁

博客获得的动能是指数级的。在此类公共刊物上可以即时地发布新闻和观点，这就把专业专栏作家和业余爱好者之间的运动场拉平了。

博客世界是一个闪电般粘贴即时的现场新闻和评论的领域。它不仅是一个表达骇人声明的场所，一个以自我为中心的夸夸其谈的场所，也是那些想要揭露秘密、揭示真相的人的一个网络圣地。有效的博客结构和形式不断地演进着。

专栏作家阿丽亚娜·赫芬顿通过不断的革新，挖掘博客的全部表现力，使博客世界得到改变。她加盟了论坛传媒服务公司而成为全国辛迪加供稿人，而且还是《左派、右派和中间派》这个公共电台的圆桌政治节目的共同主持人之一。2006年，她出版了她的第11本书《如何在爱、工作和生活中变得无所畏惧》。

2005年5月9日，她与人合作创建了“赫芬顿邮报”网站www.huffingtonpost.com，这是个包含750名作家的博客/新闻网站。根据2006年由《编辑和出版人》对该网站的采访，赫芬顿邮报网站运营一年后，每个月都吸引了260万个独立的读者，获得2400万个页面浏览次数。

2006年，在波士顿举办的全国报纸专栏作家协会年会上，赫芬顿就赫芬顿邮报网站的成功和大家分享了6个来之不易的见解。

六个在线原则

阿丽亚娜·赫芬顿

（2006年7月1日，主旨发言摘选）

对于在线世界，我的首要的六个原则如下。

原则一

这不是非此即彼的关系。对于新闻业未来究竟如何的整个争论——其未来究竟是纸质的还是在线的——是个完全不切实际的、老套过时的争论，其老套过时就像酒吧里男人们讨论究竟是该喜欢火辣的万人迷还是该喜欢朴实的邻家女孩一样。我得说，现在是2006年了，所以，我们该有第三种选择。

这不是非此即彼的关系。毫无疑问，在我们的有生之年以及我们的孩子们的有生之年，纸质媒体和在线媒体都将会是有影响力的事物。问题在于，纸质媒体不仅仅是要生存下去，而且还要在这个勇敢的新世界里如何繁荣。

我有两个女儿，都是10多岁，分别是15岁和17岁。大的那位想要成为一个记者，她的大多数阅读活动都是在线进行的。甚至是《绝望的主妇》和《法律与秩序》这样的电视剧她都是在手提电脑上看完的——虽然在我的办公室里有一台很好的等离子电视她可以用——因为他们这一代人就习惯于操作电脑。但是，与此同时，每周她都会买五六种杂志，堆放在我订阅的那一堆杂志上。我主动提出让她去我那个赫芬顿邮报网站或者托朋友帮忙让她去Slate网站或者是去Salon.com网站实习的时候，她却对我说："不，妈妈，我宁愿去一家纸质媒体实习。"事实上，这周星期三她就要去Vanity Fair杂志实习了。所以，这正是很多年轻人现在正在做的事情。尽管他们是在朝在线的方向前进，可是他们还是为纸质出版所吸引。

与此同时，请记住，有68%的读者根本就不会在线阅读。我喜爱网络世界，但是，说到在我们的有生之年纸质媒体的去处，我们不要夸大网络世界的意义。

原则二

我的第二条经过努力学来的基本原则是，如果不是色情内容，那么就不要收费。基本上说来，《纽约时报》那种把最好的内容藏在某个付费墙背后的理念是相当错误的，完全与整个网络世界的要义不符。所以，除非是色情内容或者体育内容或者是金融服务，否则你根本不用考虑收费的问题。

相信广告可以成为收入来源。

目前，在整个广告业中，只有大约5%的费用是用在网络上的。但是，它在每年以28%的速度增长。我们赫芬顿邮报网站本来预计是在一年后开始吸引广告商的，但实际上是三个月之后就开始有广告商进驻了。目前，我们实际上完全靠广告带来利润。因此，这是一个现象，你们也都可以在网络上利用好这一点。

广告商在寻找很多办法来使广告变得更加有趣。不仅是内容上有互动，而且要在严格把握社论和广告之间的柏林墙一样的界限的同时，使广告成为内容的一部分。

在我最近参加的一次广告会议上，有来自世界各地的8000多个广告商与会。他们对广告的未来比纸质媒体要更感到恐惧。他们必须得应对硬盘数字录像机，应对如下事实，即读者越来越挑剔，他们不愿接受强加给他们的广告之类的东西。因此，这也是一个他们被网络世界吸引的时代。

原则三

我得到的第三个教训是，在线阅读并不是你的父辈们的阅读方式——这一点，纸质媒体一样适用。读者们希望自己能够参与其中，想要被卷进来。他们不想仅仅是聆听——他们想要别人听到他们的声音。这就像是一种相互关系。想象一种只有一个人说话的人际关系看看，这样的关系能持续多久呢？

这样的关系不可能持续很久，是不是？因此，要把我们的读者包括进来，使我们和读者之间形成一种互动关系，这相当重要。从赫芬顿邮报网站发现，我们的读者都是评论员、编辑、事实的核对者、记者，他们很了不起。赫芬顿邮报网站的评论令我惊讶，我们投入了很多资源来使这些评论变得温和，我们不想让我们的这个网络社区满是煽动性回帖——而在网络上，这正是问题之一。我们想要得到读者的评论，但是我们不想要那些没有得到中和的偏激的评论。

我们有几十个志愿者和员工帮助这个社区成长。这是个令人惊异的社区。任何曾经与网络评论员打过交道的人都知道他们的价值是多么令人难以置信地重要。你在帖子里犯了一个错，不到7秒钟，就有人把它指了出来。确实不用7秒钟。给读者权力，让他们真正去查找错误、指出错误并加以编辑，这只是网络的许多伟大的财富之一。

原则四

我的第四条原则与以下事实有关，即越来越多的读者/用户希望他们的新闻和评论都是即时的。我们有750多个博主，我们给了他们密码，他们可以对发生的任何事情予以评论。在赫芬顿邮报网站上，我们每天24小时、每周7天不停地有新闻、观点和评论，我们不仅关注即时发生的事情，也关注长期的问题。

去年7月，我记得一早起来看到《纽约时报》的头版登载了一幅照片，兴高采烈的伦敦人在庆祝他们赢得奥运会举办权。然后我看了CNN的节目，看到随后不久发生的地铁爆炸事件的可怕的图片。在我们的赫芬顿邮报网站上出现了西蒙·詹金斯写的一个很精彩的博客文章，对伦敦发生的一切做了即时的现场评论。西蒙·詹金斯直到最近都在《黄昏太阳报》做编辑。

这是一个我们在其中生活着的世界。你最好应该上上网了解一下所发生的最新的消息。当然，并不是说每天都会有两件重大的国际事件在48小时内相继发生，以至你的读者醒来的时候，他们看到的头版都已经过时了；但是，上面的事实表明，我们很有必要对发生的一切有即时的了解。

原则五

我的第五条原则是：不要落入“访问陷阱”。鲍勃·伍德沃德是新一代的调查性新闻学的创始人之一，但是他落入了访问陷阱。这对记者来说是个可怕的陷阱，因为一旦落入这个陷阱，基本上你就把你的记者采访通行证换成了一张万能通行证了。

伍德沃德就是这样。在导向战争的过程中，他得到了这张史无前例的通向白宫及其行政体系的通行证。读一读他的书《进攻计划》，你就会失去对完整事态的认识。书里充斥各种他通过现场采访得到的细节，但是，该书却迷失了对宏观事件的描述，那就是，实际上，这个国家因受误导而进入战争。这其实是我们比任何事情都更需要提防的。

对我来说，博客世界最伟大的价值就在于，在这里总会有些人不会利用采访来获利。他们很多人根本就没有采访的机会，但是，这有可能成为一个优势，因为你不用害怕得罪任何人，不用害怕你不会受邀去参加白宫举行的圣诞节晚会，不用担心你不能成为华盛顿社交场的一分子，而这一点正是令许多新闻记者暗自戚戚于心的事情。对主流媒体而言，博客世界迄今处于难以置信的健康状态。这实在令主流媒体感到大有压力。

与此同时，我们也不可低估主流媒体在揭露新闻事件方面的重要意义。在过去一年里，我都是《纽约时报》及其记者朱迪•米勒的主要批评者，但是，现在，我要为《纽约时报》说几句好话。我把美国传媒所揭露的所有新闻事件列了一个清单，这些新闻事件本来是我们有可能完全不知情的，因为目前的政府是历史上最遮遮掩掩、神神秘秘的政府。政府用反恐战争和“9•11”事件为借口阻止我们了解那些对我们国家的安全具有难以置信的重要价值的信息。

如果不是《纽约客周刊》和它的调查记者塞莫尔•赫希，我们将不可能知道有关阿布格莱布监狱[1]的消息。如果不是《时代周刊》，我们将不可能知道有关哈迪塞屠杀事件[2]。如果不是《华盛顿邮报》，我们将不可能知道秘密的监狱系统还在运行[3]。如果不是《波士顿环球报》，我们将不可能知道美国总统得到了750份署名的声明，从而使总统有可能不用遵守他自己曾经签署、已然成为法律的议案。如果不是《新闻周刊》，我们将不可能知道司法部长阿尔韦托•冈萨雷斯认为保护战俘的《日内瓦公约》是不适当的。如果不是《洛杉矶时报》，我们就不可能知道从开战以来已经有5万名伊拉克人死亡的事实。如果没有《国家期刊》的调查记者穆雷•瓦阿斯，我们就不可能知道，原来当时的美国副总统迪

[1]伊拉克阿布格莱布监狱始建于20世纪70年代，在萨达姆时期用来关押伊拉克平民。美军入侵和占领伊拉克后，在此大量关押、审讯和虐待囚犯。2004年媒体曝光了这里发生的美军虐囚事件，2006年8月该监狱被关闭。2009年年初伊拉克新政权再次启用了该监狱。

[2]2005年11月9日，一队美国海军陆战队队员在伊拉克哈迪塞镇遭到简易炸弹装置攻击，一名士兵死亡。随后美军报复，在哈迪塞屠杀了24名平民。

[3]2005年11月，《华盛顿邮报》在展开了深入调查后得出结论，美国中情局在世界各地建立有一些秘密监狱，用以关押在世界各地逮捕的“恐怖”疑犯，这些监狱主要建立在泰国、阿富汗和中东、东欧一些国家，也包括古巴的关塔那摩美军监狱。

克·切尼深深陷入了“普莱姆门”[1]中的事实。穆雷·瓦阿斯是个自如地来往于纸质媒体和网络世界中的伟大的新闻调查记者/博主之一。

原则六

我的第六条原则强调博客世界和主流媒体之间的主要的区别性差异。

主流媒体患上了“关注度欠缺紊乱症”，也就是说，他们写出一篇报道，然后就转身走开了。

我们发现，如果你不是一而再再而三地关注对某件事的报道，那么，这件事就不能冲破各种阻碍。

很多很多重大的事件都在《纽约时报》的头版谢幕了。不是说这些事件未曾得到报道，而是说，这些事件未能得到充分的报道。

而另一方面，博客世界里的人们则患了“过多强制性报道紊乱症”。

我们选择了一个事件就不会轻易把它放下。

我记得我曾经时不时地写一篇关于与毒品作战的文章，因为我相信这是美国国内政策的重大灾难之一。我的编辑就打电话给我说，你上个月写过这个题目了，或者说你三个月前写过这个题目了，这得根据编辑的容忍度水平而定。我回答说是的，但是我给你带来了一些新的事实、一些新的资料。是同一个话题，但是，这是新的进展情况。

但是不，主流媒体不喜欢这样。他们想要你不断地写新东西、新话题。

在博客世界里我们已经表明，我们可以通过持续地关注某个事件而让读者参与进来，于是这就几乎成为一个了不起的连续剧，不是吗？你给读者新的一集，又是新的一集。人们想要知道后续发生的事情，就像听故事的孩子一样。

所以，让我回到我前面说到的第一点：这不是个非此即彼的问题。这是纸质媒体和网络媒体共存的时代。我说，传统媒体患有“关注度欠缺紊乱症”，而我们则有“过多强制性报道紊乱症”。放在一起，我们就可以非常高效。

---

[1]为了发动伊拉克战争，布什政府声明伊拉克拥有大规模杀伤性武器。2003年7月，在美军攻占巴格达的同时，早前被派遣到尼日尔调查传闻中的铀粉末销售事件的职业外交官约瑟夫·威尔逊（Joseph Wilson）大使驳斥了伊拉克购买过铀的指控，并公开指责布什政府为获得公众支持发动伊拉克战争而故意使用虚假情报。不久，右翼评论员罗伯特·诺瓦克（Robert Novak）发表专栏文章，爆料说威尔逊的妻子瓦莱丽·普莱姆（Valerie Plame）是中情局特工，致使普莱姆特工的身份被暴露。这个事件被称为“普莱姆门”或“特工门”。

电台：专栏作家上广播

你看，有线电话就有点像一只身子很长很长的猫。你在纽约扯扯它的尾巴，它的脑袋在洛杉矶就发出喵喵的叫声。你明白这一点吗？而无线电收音机的运作方式也是完全相同的：你在这里发送信号，他们在那里收到信号。唯一的区别是，这时候不存在这样的猫而已。

——阿尔伯特·爱因斯坦，在被要求描述无线电是什么的时候做出的回答

专栏作家怎么可能上电台做节目？对此你好奇吗？在通往无线电的路上，有两位作家相向而行，各自都扩展了他们自己的事业。《波士顿先驱报》的专栏作家马格丽·伊根从1989年以来就报道都市发生的事情，这让她后来成为电台节目的嘉宾评论员。1999年，在写作专栏之外，伊根还和吉姆·布劳德共同主持了一个电台脱口秀节目，即位于96.9FM频道的《伊根-布劳德闲谈》，这是一个涉及议题非常广泛的节目。

电台播音员迈克·墨林在华盛顿特区、纽约市以及波士顿等城市做了36年的电台主持人。如今他在新罕布什尔州的曼彻斯特市工作，主持该州收听率最高的WZID电台95.7FM频道的早晨节目。2000年，他被新罕布什尔州的电台播音员协会授予新罕布什尔州年度电台人物奖。2004年，墨林开始为《纳舒厄电讯报》写报纸幽默专栏，每周一期。2006年，他进而为《新罕布什尔州商业评论》写专栏，每个月一篇。

下面是马格丽·伊根就她如何从一个都市专栏作家进入电台领域的过程和大家分享心得。

问：请描述一下你写作的专栏类型。

伊根：我为《波士顿先驱报》写专栏已经有17年了，我的专栏很多都与新闻密切相关。我写过很多关于庭审和选举的文章。偶尔也写关于生活方式之类更柔和一点的内容。比如说，我写过一篇文章讨论美的战争的。

问：在电台机会出现之前，你写专栏多久了？

伊根：本来是有可能在我刚开始写专栏的时候就上电台的。地方电台会经常给记者打电话。当他们对我的专栏感兴趣的时候我就会接到电话。那时候，谋杀案的审判、新闻事件、选举等等，什么都是热点新闻来着。

问：你的写作中，有什么地方引起了别人的兴趣，觉得你有可能成为电台秀节目主持人？

伊根：让专栏作家出类拔萃的是，你会想着要写一些人们都在谈论的事情。这对电台也是一样。

问：在成为专栏作家之前，你有过任何电台工作的经验吗？

伊根：没有。

问：在转型适应电台形式的过程中遇到了一些什么挑战？

伊根：自己一个人很难主持一个节目。刚开始的时候，作为一个替补主持人，我孤零零一个人，必须得自己开口说话。波士顿这地方竞争激烈，更大的市场也就更难做。电台就像专栏一样，因为很快人们就很清楚你是不是能够胜任这个工作。

问：你和吉姆·布劳德共同主持96.9FM闲谈节目有多久了？

伊根：7年。

问：什么样的专栏才有可能打开通向电台的大门？

伊根：政治分析专栏、揭露黑幕的专栏、犯罪报道专栏、运动专栏。报纸专栏和电台节目之间有很多交叉的内容。

问：专栏作家要想进入电台领域需要什么样的品质和技能？

伊根：在这个伟大的时代，任何一个成功的人士都是相当聪明的。

此外，在波士顿这个地方，人们对电台里男性主持人和女性主持人的接受方式存在巨大的差异。公众会更能接受态度比较粗暴一点的男性主持人，但是，对女性节目主持人，让听众喜欢是很重要的。这是双重标准。

几乎没有女性是单独主持电台节目的——唯一的例外是劳拉·英格拉姆，她绝顶聪明，做得很棒。

据我观察，至少在波士顿这个地方，女性如果和男性共同主持节目的话，她能做得更好。我的同伴非常聪明机智，他有可能会说一些粗鲁的话。我顺着他的话往下说会容易一点。女性要是以对抗的方式出现而获得成功，看来好像比较难。此外，不管是什么原因，我注意到，两位女性共同主持一档节目似乎从来都不成功。或许这又是双重标准的问题了。

迈克·墨林是个资深播音员，对于如何充分挖掘专栏的价值以进入电台播音的行列，他分享了内行人的看法。

问：电台从专栏作家身上寻找的是什么素养？

墨林：作家在电台说话应该和他写作时遇到的是一样的情形，这很有用。收音机听众能够听出那些虚头巴脑的东西来。因此，作家应该有和他写作时一样的"声音"，这样才不会令他的听众失望。非常动听的音色倒不是必须的，但是重要的一点是，说话的时候不能有太多的"嗯""啦""啊"的。要带着自信心说话。你是有自己的观点的，这一点应该以友好的方式反映在你的语音语调中。

我在电台36年的经历对我的专栏写作是一种很好的训练，因为用词简洁很重要。梳理清楚你的思想，但是要像对话一样自然流畅。表达观点的时候不要拐弯抹角。在电台上常常是，说的少反而得到的多，因为你在和很多令听众分心的事务竞争，听众需要你在他们的娃娃尿尿或者手机铃声响起来以前说出你的要点。

问：什么样的专栏作家才往往会被电台邀请做广播节目呢？

墨林：在波士顿这个地方，需求最大的好像是我们市的一个全都是报道体育运动的电台WEEI，它需要运动专栏作家。很多作家作为特邀嘉宾，报酬都不错。

有几个人做得很好，如今他们都有了自己的节目了。《波士顿先驱报》的专门揭发丑事的专栏作家、罪犯研究专家霍伊·卡尔在WRKO电台主持下午的《每日行车》栏目，收入不菲。普通的幽默专栏作家如果所写的内容在电台上激发了热烈的讨论，那么，早间广播节目组有可能会打电话给他们。

你应该确保早间电台节目主持人有你的电话号码，这样，他们才能把你从深度的睡眠状态叫醒，让你谈谈你早上发表的那篇专栏文章的内容。如果你真的很好，那么有时候就有可能邀请你去电台播音室做嘉宾。谁知道呢，或许机会还会更多。

问：如果专栏作家是个“专家”或者曾经出过书，这是否会有所帮助？

墨林：是行业专家或者曾经出过书，这有助于获得电台的某个针对性的节目的邀请。如果你是研究植物的专家，一个每周一次在星期六早上播出的短小节目，可能会要你现场连线，让你回答园艺种植者提出的问题。节假日期间可能会需要食品领域的专家。

别羞于让当地电台主持人和他们的制作人知道你有时间参与他们电台的小节目。

心理学、医学、生活方式之类的问题——按照人们的日常生活需要想想。你的专业领域越狭窄，你接到电话的可能性就越低。如果某个作家对抽水马桶储水池浮标的问题所知甚多，那么，极有可能他命中注定只能独自享有这个信息了。很可怜，是不是？

问：如果专栏作家曾经出过书，那么他应该和电台里的什么人联系？他该怎样宣传自己？

墨林：没有公共形象代理的作家应该直接与制作人和主持人联系。但是你要确保自己有一份出色的仅仅一页篇幅的关于你自己情况的说明，还要给节目主持人和制作人（如果有制作人的话）准备几本供他们评论用的免费样书。

小型市场不设置制作人。就一个天才主持人预约嘉宾、进行采访。过了一两周，你用一个礼貌的电子邮件或者电话跟踪一下见面的情况，问问他们是否对你的材料感兴趣，以便做一个小型的专访。

先花几个星期时间听听这个节目，判断一下你的材料是否适合听众。这跟写作投稿时的质询是一样的——在投递手稿以前要先读读你投稿的出版物。把一本关于蜘蛛的书送给一个政治谈话节目的主持人，这对你的大作来说是一种浪费。

问：电台里是否有那么一个一般说来是全能的联系人呢？

墨林：我会按照以下顺序联系电台里的人物——首先是制作人，其次是节目主持人，最后是节目导播。

问：要想在本地电台做嘉宾参加节目，专栏作家应该展现出自己哪些方面的经验、素养或才能呢？

墨林：他们应该让制作人或节目主持人确信，需要的时候他们能抽出时间。

让他们知道你的书在当地书店热销并获得好评，这也不错。

不要过度推销你的书。要友好、自信，要愿意竭尽全力满足电台的需要。有些作家对我说，关键时候如果需要嘉宾的话，可以给他们打电话。如果嘉宾的知识领域正好符合新闻要求，电台常常会联系他们，并把真正优秀的嘉宾当作“专家”。或许报纸头版有一个关于全球变暖的重大新闻事件。脱口秀节目就会查找他们的资料库，找到那个知道肠胃胀气的奶牛是个全球变暖因素的了不起的嘉宾。你得总是随时准备提供帮助。时刻总有嘉宾会取消电台的预约，因此电台需要有人能够立即顶替上来。

问：请列出专栏作家要想进入电台广播所要采取的五个“基本步骤”。

墨林：1. 承认在电台上露面将会让更多的人读你的专栏。

2. 听当地的早间广播节目和其他脱口秀节目。找找那些采访嘉宾或专家的节目主持人。

3. 如果你认为节目主持人可能会对你写的专栏感兴趣，那么，给主持人发一封电子邮件，提供你的链接，彬彬有礼地告诉他，如果主持人有兴趣在节目中和他的听众讨论你的专栏的话，你是有时间的。

4. 参加电台人员参加的那些活动，向他们做自我介绍并递上自己的商务名片。一周以后给他们发一封“很高兴认识你”之类的电子邮件。保持联系，但是不可令人厌烦。

5. 如果前面四个步骤都没有用，那么，烤一些巧克力饼干，用登载有你的专栏文章的报纸包裹后送给他们。

问：如果一个专栏作家想要凭借自己的读者群来做一档电台节目，那该如何着手呢？是先提出一个建议呢，还是先要准备好一个展示用的母带？

墨林：这和推销你的写作项目是一样的。先告诉节目导播，说明你为什么认为电台的听众会对你的想法感兴趣。研究一下电台的统计数据，要确定你的想法和这个电台的核心听众相符。一个重摇滚电台对于剪贴簿节目[1]是完全不感兴趣的。

听听该电台的广播，根据该电台现有节目进展的情况，提交一份关于节目设计的建议。

[1]“剪贴簿”电台节目是对一年或一段时间发生事件的回顾性纪实节目。

给节目导播寄一份节目概述、节目建议和节目样本（文字稿）。

主动要求做一个播音室展示样带，或者更好的办法是，主动要求免费做几期节目，以便让他们评估你的潜力，也让你自己看到自己究竟是否擅长这一块。

如果你的话题与社区利益相关，你的机会就很大，因为联邦通信委员会要求每个电台必须每周播出一定数量的这一类节目才能让电台持续拥有营业执照。如果你是汽车方面的专家，找一个汽车经销商或维修点赞助你每周一次的听众来电环节。用好你的专业能力，找一个赞助者。

问：最后，马格丽·伊根说，对广播中出现的粗鲁无礼的语言，听众对男性比对女性容忍度更大一些。你怎么看？

墨林：电台人物的个性必须要得到观众的认可。慢慢开始，然后逐步建立和听众之间的平衡。不可对他们傲慢。如果你要表现出傲慢的话，要绝对确定该听众是罪有应得的。

做你自己。过了一段时间以后，听众就会把你当作他们的朋友。我有一些听众愿意为我烘烤食物，邀请我去参加他们的活动，愿意和我约会。至于说男性主持人可以表现得更为生硬粗暴些，在某种程度上来说这也是事实。不过，如果你是个有自己特色的成功的女性作家，那么你也可以把自己的优势在电台广播中展现出来，保持那种一致的“声音”。

有时候劳拉医生听起来像是很生气的样子，但是，她很成功。朱迪法官是另一个例子。在广播的时候她们都在做她们真实的自己，所以能够得到听众的谅解。一旦人们开始接受你了，你就能够慢慢地调大你的火力，没有人会注意到这一点的。电台是个可以展现个性细微差别的媒体。

新闻和单口相声：还是有差别的

人与人之间最短的距离就是笑。
——维克多·埔柱（丹麦幽默作家）

专栏作者、作家雷·哈纳尼亚的职业生涯包含两个方面。首先，他是芝加哥市的一位资深政治记者，其专栏主要讨论中东问题和主流美国问题。其次，他还作为单口相声演员环全国演出。

哈纳尼亚最初是通过创造者辛迪加组织对外供稿，现在则是以自我辛迪加供稿的形式直接向各大报社和新媒体投稿。他是一名巴勒斯坦裔美国人，2006年被“美国新媒体”组织评为“全国最佳少数族专栏作家”。他还于1985年度和2002—2003年度两次获得专栏写作的丽萨格尔奖，该奖由芝加哥报刊头版俱乐部和职业记者协会联合颁发。他的专栏文章见于www.hanania.com网站上。

哈纳尼亚的单口相声融阿拉伯和美国犹太风格为一体，对自己的生活以及对自己与犹太妻子艾莉逊的婚姻予以冷嘲热讽。他在夜总会和大学演出，出版过8本书，其中包括幽默著作《很高兴我看起来像个恐怖分子——在美国长大成为阿拉伯人》以及《和以色列人说话》。

在本文中，哈纳尼亚分享了他如何从一个政治评论记者转变为专栏作家兼职单口相声演员的经历。

直到2001年9月11日恐怖分子袭击的这一天我才意识到，光靠好的新闻业还不足以让懵懂的美国大众得知真相。

就从那开始，我那已经有30年的新闻生涯开始扩张到了单口相声领域。这不是件容易的事。但是我别无选择。对我而言，这关乎职业的生存问题，正如它关乎我在生理上的生存问题一样。

“9•11”差点摧毁了我的新闻事业，让我在大多数未来要与之打交道的媒体眼里，尤其是在公众眼里，成了一个坏人；它还削弱了我的谋生能力。

我一再失去工作。甚至在我还毫不知情的情况下我就成了众人之敌，在一次全公司范围的裁人浪潮中被“下岗”了——整个公司仅仅裁掉了一个职位，那就是我的职位。

尽管如今我收入中的近乎一半来自我在全国以及在世界各地的单口相声表演，但是，从记者到记者—相声演员的转变完全是出于偶然。

我正在芝加哥参加由哥伦比亚大学举办的通信系统午宴聚会，这时突然有两位我最要好的朋友向我走近，脸上不带什么表情，神色严肃地问：“‘9•11’那天，你们的人为什么袭击我们？”

我本来是可以很严肃地回答这个问题的，但是我意识到，建立在某个荒谬前提上的问题是不能用坦率、合乎逻辑、理性的评论来回答的。

于是我就开始开玩笑了。

“我们的人？”我回答说，“我是芝加哥南部人，我知道那里的人很强悍，可是，我们确定恐怖分子是那里的人吗？”

他们越是想得到一个严肃认真的回答，我就越要用荒谬、粗率的幽默来回应。

对于我的回答，两位朋友笑了。这禁不住让我想到，我应该利用我的这种即兴表达的能力，把它变成单口相声表演。

我想，为什么不可以呢？美国人常常并不真的想要得到真相。他们更喜欢听到与他们的信念相符的方便的答案。

幽默的力量

对于愚蠢的问题不存在严肃的答案。我和“9•11”事件毫无瓜葛。我从来没有听说过奥萨马•本•拉登或基地组织，更为重要的是，虽然我是阿拉伯裔，可是我是信基督教的巴勒斯坦人，而所有的劫机者都是穆斯林，他们大多来自沙特阿拉伯。

作为记者，我在写作中经常用到幽默。幽默是交际的最有效形式。我们一直都在使用幽默，用逸闻趣事的方式来使复杂的话题变得“人性化”。演讲的人被告知，抓住听众注意力的最好办法是用一个好的笑话开头，即使这个笑话和演讲的题目毫无关系。

幽默具有强大的力量。它能改变人们的态度，击碎成见，砸碎仇恨的镣铐。

事实上，一个“好的笑话”的基本特征更加与听众很快地理解表演者在说什么的能力有关，而不在表演者把复杂的话题类型化、一般化的能力。

你可以有世界上最好的笑话，可是，如果听众听不懂你，这个笑话就死掉了。

单口相声的核心是“包袱”，是简短、快速、机关枪一样喷射而出的笑料。这比在一篇对严肃社会话题予以揭露的较长文章中增添一点幽默要难得多。

此前我没有写作单口相声中由包袱推动的笑话的经验。过去我使用幽默的方式大多涉及写一些较长的有趣的故事，为新闻特写、专栏文章甚至是一些新闻报道添加一种情绪上的气氛。

但是不管怎么说，我确实是有过一些经验的。“9•11”以前，我的大多数写作都是关于中东冲突的严肃问题，尽管偶尔我也看到一些值得进一步探究的有趣的内容。

在1988年，我为《芝加哥》杂志写了一篇标准长度的特写文章，专门谈论“在美国长大成为阿拉伯人”的事。该文充满了幽默的逸闻趣事，我希望通过这些轶事让读者认同故事中的经历。这篇文章是这样开头的：“我妈妈想要我成为医生或者是杂货店店主，所以，我从来没想到将来某一天，我长大后会成为阿拉伯人。”

多年以后，在俄克拉荷马市发生了对默拉联邦大楼的恐怖袭击以后，我把这篇特写文章和几年来写的关于类似话题的另外大约30篇专栏文章（其中包括在《芝加哥太阳时报》上面发表的专栏文章，我在该报任职的时候因为报道该市骚动的市政大厅而获得了好几个奖项）放在一起，出版了一本关于“在美国长大成为阿拉伯人”的书，并命名为《很高兴我看起来像个恐怖分子》。

在调查默拉联邦大楼爆炸案时，当局重点调查阿拉伯人，只是碰巧才抓到了真正的恐怖分子，那是个苏格兰裔的基督徒。我意识到，美国人会匆忙地下结论，这部分原因在于，阿拉伯裔美国人在向美国人展示他们自己的时候没有做好，他们的形象跟那些来自意大利、爱尔兰、波兰等地的移民很相像，也跟那些犹太裔、非洲裔和拉丁裔移民很相像。

这个有争议的标题是一个讽刺，它来自在《芝加哥太阳时报》登出的一篇专栏文章。这篇文章讨论阿拉伯裔美国人遭遇到的不幸经历中的一些“幸事”，以20世纪90年代每次我过机场安检的经历来展开。安检官员会把我从长长的、令人烦闷的排队过海关的队伍中拉出来，对我进行检查，发现我不是威胁之后帮助我躲开了机场的延误。

著名的电台节目主持人凯西·卡瑟姆也是个阿拉伯人，他给我写信，鼓励我把书名改为《很高兴我看起来不像个恐怖分子》。我回答说，如果我改用这个名字的话，就没有谁会读这本书了。

我说过，美国人对幽默和讽刺的理解比世界上任何其他地方的人可能都要深刻。大多数人，当然并非所有人，都知道我要说的是什么意思。

但是，“9·11”的创伤是如此之大，我必须得多做点什么。我把视线朝单口相声望过去。我意识到，从事单口相声的阿拉伯裔美国人只有12人，我要填补空白很容易。

喜剧表演节目的基本法则

日常生活中，我们都认识一些有喜剧天赋的人。但是，是什么阻止了他们获得成功呢？是怯场。我所认识的最滑稽的人，大多是我们一起工作、共同分享社交时间的那些人。

但是如果把他们推向舞台呢？那可不行。他们怎么都不能成功。

我能够成功，部分原因在于我被挤着推着非得要从职业新闻记者向单口相声演员转变不可。如果有其他选择的话，我可能永远都走不出那几步。我想，有意思的是，记者和专栏作家有着不同的性格。记者倾向于有一种最好是躲在幕后的性格；而另一方面，专栏作家则有一种A型性格。专栏作家可不能回避冲突、聚光灯和公众辩论，那样的后果他承担不起。

这样一来就容易了。我可以走向舞台，利用自己曾经当过公众演讲人的经验，同样地面对几百号人站在舞台上讲笑话。

但是，我还需要有笑料才行。

我做了我们所有人都会做的事：我回顾自己的一生，从中找出真实事例做适当加工，加以润色，并重点突出能够产生滑稽效果的“冲突”部分。

小时候，我在芝加哥南部地区长大，有一天其他小孩子围着我问：“你是什么人？”

“我是什么人？我是美国人。”我说。“不，你不是美国人。”他们坚持说。

最后我回到爸爸身边，问：“爸爸，我是什么人？”

这正是1967年的中东战争爆发几个星期之后，所以我爸爸回答说：“天哪，不要跟别人说你是巴勒斯坦人。告诉他们你是叙利亚人，或者是黎巴嫩人。”这样的话我以前可从来都没有听说过。

于是我又回学校上学。当他们再次堵着我的时候，我就回答说：“嗯，我是稻谷，可我想我妈妈是个同性恋。”[1]

在美国文化中作为一个阿拉伯裔美国儿童成长起来的过程中有很多很多笑料，把上面的笑话放置到这些笑料的背景里，就渐渐壮大成为一个可以持续5分钟的小节目了。

下一步，我把我的研究扩展到我所有的经历。

一个显而易见的事实是，我是个巴勒斯坦人，而我的妻子艾莉逊是个犹太人。于是我开发出了另一个常规节目，它探讨的是一个巴勒斯坦人和一个犹太人结婚后所产生的幽默的一面。

这样的对比产生了令听众最感到惊奇的一面，它们和听众预期的情形完全不符，从而令故事中的“包袱”更加趣味横生。

“我和艾莉逊是在一个名叫西塞罗的小镇相识的，那里的拉丁裔和意大利裔都很多，”我解释说，“艾莉逊以为我是墨西哥人，我则以为她是个很容易追

[1]原文cereal（稻谷）和Syrian（叙利亚）、lesbian（女同性恋）和Lebanese（黎巴嫩人）发音相似，因而产生幽默效果。

到手的意大利女孩。……婚礼的时候有900号人到了现场，可我们只发出了24份请帖。在婚礼仪式上，所有的阿拉伯裔亲戚坐一边，犹太裔亲戚坐在另一边。我们举行的不是新婚晚会，而是请了一支联合国维和部队站在教堂婚礼中间的走廊上。于是，两边的亲戚就一直在那里相互抛掷皮塔饼和无酵饼，争辩究竟是谁发明了鹰嘴豆沙。”

节目中适当地添加一些顿挫可以加强幽默感。于是我暂停了一下，然后看着观众，总结说：“在我们的婚礼上共有38人受伤。在招待宴会上，他们拉了1个犹太人和38个阿拉伯人去医院。”

如今，我有一场长达90分钟的单口相声节目，有足够的笑料，可以填满75个页面的内容。

要是有哪个人把这75页材料交给我，跟我说：把它们背熟，我就让你上台表演——那是绝对行不通的。

但是，有一种内在的“记忆”方法——从你的生活中提取材料，然后用新的素材使它膨胀起来，这样自然地就生发出其他笑料了。

换言之，你不必花很多时间记忆那些自然而然得来的材料，因为它们都是你经历过的事情。

但是，你必须得知道欣赏节奏感，知道怎样表演。还有顿挫、对比。

而最重要的是：如果你必须要为听众解释笑话中的一些基本事实，那么他们就理解不了你的笑话。等他们理解了，那这个笑话就不好笑了。

熟能生巧。

喜剧之路前程光明

自从在做记者和写作专栏之外又从事单口相声表演并把它当作自己的职业之一以后，我也学会了如何把我的专栏写得更加有趣。

我的写作自有它受欢迎的时候。我不知道，要是我从一个严肃的专栏作家转而变为一个喜剧作家的话，读者会不会觉得不适应？当他们跟着台上的我纵声大笑的时候，他们还会严肃地看待我那些严肃作品吗？

我不知道答案是什么。但是我确实知道，和新闻业一样，单口相声表演也需要好的写作才能、好的讲故事的才能。当然它也有自己不同的地方。它不那么关注准确性，而是更加关注表达的简洁、清晰。

把这整理清楚并没有人们以为的那样具有挑战性。你要么是个诚实的专栏作家，要么就不是。我的严肃的专栏文章依然忠实于我相信是准确的视角，忠实于我相信是最具有说服力的视角。在专栏文章里，你不能改动事实来迎合你的个人观点。

然而，在喜剧世界里，对于事实你可以不必那么严格，只要你的要点或者你的笑点是滑稽有趣的就行。

我依然还在听到一些愚蠢的问题，碰到一些无知的成见，就像上一次，有个身材娇小的老太太向我走过来，手里拿着我的书《很高兴我看起来像个恐怖分子——在美国长大成为阿拉伯人》。

我向前探过身子去听她那柔和的声音，这时她用响尾蛇的毒液向我喷出了这样一句话："我真不敢相信，你竟然背弃了基督教信仰去做阿拉伯人！"

这时候，即便是用幽默也摆不平这位太太的愤怒了。

最后顺便说一句，如果哪天你碰到了我妻子，别告诉她我是巴勒斯坦人。她一直以为我是个波多黎各人。

继续前行

我相信，未来只是再一次经历过去，只不过是从另一道门走进去。

——亚瑟·维英·皮尼罗

正如我说过的，专栏作家是些奇怪而不可理喻的人。他们很多人会说，他们事业起步的经历也是“奇怪而不可理喻”的。幸而我驶入了他们走的这条大道，领着我走向了幽默专栏写作、宗教专栏写作和生活方式专栏写作。把我观察到的东西和读者分享并因此得到报酬，有时候这使我因为一种愉悦的惊奇而感到目瞪口呆。

就在我以为我不配拥有更多要打开的礼物时，2006年，艾特·布赫瓦尔德奇迹般地从肾衰竭中康复；他蔑视死亡，离开了临终关怀医院，把自己的经历写成了一本书《说再见还太早》，直到2007年年初，他才真的去世。

但是，回到对他而言一切初看来都是那么灰暗的2006年，那时候，我在临终关怀医院和艾特及其家人一起待过两天时间，后来还就此写了一篇专栏文章。我从来就没有打算发表这篇文章。这是以专栏文章的形式写给我的董事会的报告，但是鲍勃·霍特鼓励我把这篇文章发出来。它先是在《编辑和出版人》上刊登出来，后来在各大新闻网站和报纸上登载，并且在波士顿的美国国家公共广播电台（NPR）上广播。

对这篇专栏文章的如潮般的回应令我惊讶，这使我希望，“我猜还会有更多回应的”。

这篇文章代表了我从专栏作家同伴那里学到的所有经验。

艾特·布赫瓦尔德的最后日子：一次拜访

苏载特·马丁内兹·斯坦德灵

2006年3月4日刊载于《编辑和出版人》

马萨诸塞州米尔顿市。知名专栏作家艾特·布赫瓦尔德已经拒绝透析，距离死亡只是个时间问题，或许只有很短一段时间了。就一个等待“收割者”到来的人而言，他处于非常良好的精神状态。

我在他身边待了两天，发现布赫瓦尔德既不觉得自己英勇，也没有感到自己得到了超自然精神力量的支撑。自然而然地凋谢消逝是他自己做出的决定，否则他要面对的另一种选择就是每周三次挂在透析机上，每次连续5个小时，这样度过余生。

他说：“我可以有两个决定。继续透析，每周要做三次，这是无聊乏味的，我不知道其终点在哪里。或者另一决定就是我可以就那样享受生活，看它究竟把我带到哪里。”

我来到这个位于华盛顿特区的临终关怀医院是要代表全国报纸专栏作家协会给他颁发2006年度厄尼·派尔终身成就奖。本来是应该在6月份波士顿举办的协会大会上给他颁奖的，但是现在看来他不可能出席那个会议了。

我主动提出把这个奖带到华盛顿来以便给他提提气，并要亲自告诉他全国报纸专栏作家协会的同仁们对他的评价是多么的高。

他的助手凯茜·克拉里建议我“与其晚来不如早来”。她来华盛顿杜勒斯国际机场给我接机。在开车前往临终关怀医院的途中，她谈到她和布赫瓦尔德的友谊，并说从1984年开始她就和布赫瓦尔德一起工作了。她谈到了布赫瓦尔德那博大的心胸，谈到这些年里他是多么乐于帮助他人。

“他的名字就在电话簿里，而且总是在上面没有改动过。人们看到了他的名字，不敢相信那真的是艾特·布赫瓦尔德，可他就是这样一个人。”她说。

他的女儿詹妮弗·布赫瓦尔德住在马萨诸塞州，离我不远。我们刚成为朋友，现在她就住在临终关怀医院，待在父亲身边。过去两周里，她父亲一直在接待源源而来的拜访者。詹妮弗邀请我额外和她多待一天，因为这样我这个听众就可以有更多机会和政治讽刺之王——如今也是刚刚加冕的华盛顿家庭临终关怀医院之王——接触。

我到达的那一天是2月28日，这一天将标志着他停止透析已经有四个星期了。这样不可能会好。我来得还算及时吗？他会是处于什么样的身体状况呢？

我和克拉里在早上9点半左右穿过玻璃门的时候，脑子里想到的一个词就是“喧闹”。我们发现，他和尤妮斯·施赖弗、玛利亚·施赖弗姐妹聊得正欢，往事的回忆和私密的笑话像香槟酒一样喷薄而出，他们放声大笑。詹妮弗在，布赫瓦尔德的儿子乔尔、乔尔的妻子塔玛拉以及他们的两个小孩子也都在。

当他们安静下来为我做简要介绍的时候，我觉得自己有点像是一个外来的闯入者；但是布赫瓦尔德很快就又找回了那种谈话的激情，他说：“我再给你们讲一个故事……”显然，和朋友们在一起“这盘好菜”使他闪耀着幸福的光芒。

艾特穿着蓝白相间条纹的高尔夫衬衣，蓝色宽松运动裤，左脚穿了一只黑色网球鞋。他的另一只裤脚松松地挂在右脚膝盖以下被截肢的地方，但是他丝毫没有表示出痛苦或不适。

在某个时候，詹妮弗宣布说：“苏载特将要给他颁奖。”这就好比是生日晚会上切分蛋糕的时刻一样。每个人都拍手，说：“哦，一个大奖啊。”

我不知道什么更伤脑筋——是尽力回忆我那短短的颁奖词呢，还是看到尤妮斯和玛利亚·施赖弗姐妹就在不足两英尺以外的地方盯着我。我把奖牌拿出来，站起来，说：“艾特，我给你带来了来自全国报纸专栏作家协会的朋友、崇拜者和同事给你的全国性的问候。我们打算把我们2006年度的厄尼·派尔终身成就奖颁发给你。

“正如你可以看到的，厄尼·派尔的肖像使这块奖牌添加了荣耀，因为我们把他看作是我们的保护神，一个传奇的专栏作家，他对我们战士的报道简单而深刻，他用这些报道给第二次世界大战带上了一张人类的面孔。

“在杰出专栏作家的传统中，你把光亮对准了人类政治。从这个意义上来说，在几乎60年的时间里，你都是政治讽刺专栏的保护神，为此我们都尊敬你。

“我谨代表全国报纸专栏作家协会向你表示祝贺，并致以最美好的祝愿。”每个人都拍手欢呼，艾特点头致谢。

玛利亚•施赖弗说：“政治讽刺的保护神。我喜欢这个说法。看到了吗，艾特？你也可以成圣贤啊。”

她们离开以后，我发现就我自己在临终关怀医院里和艾特及其家人在一起。他看起来气色很好，而且还在享用食物，这是一个好的迹象。按照布赫瓦尔德的说法，不用做任何事，只是享受自己想吃的东西，这是一种纯粹的快乐。“他最喜欢的早餐是从麦当劳买来的水果冻糕、桂皮小甜面包和巧克力奶。”他的儿媳妇塔玛拉说。

美国国家公共广播电台的节目主持人戴安妮•莱姆就布赫瓦尔德决定放弃做任何进一步的医学介入治疗而对他做了一次感人的采访。该采访在此前四天即2月24日播出了。布赫瓦尔德的直率令人吃惊。据说，在面对死亡的时候，一个人的一生会快速地在眼前闪过；而布赫瓦尔德则把他的全部感受都告诉了莱姆，包括是否有恐惧（没有）、后悔（没有）以及任何精神上的期望（对此他不是很确定，但是很可能是没有）。布赫瓦尔德来日无多，他想坦然地面对命运，不用任何延长生命的额外手段。非常感谢你！

他翻阅了厚厚的一叠读者来信，后来詹妮弗和我分享了这些来信。这些电子邮件、贺卡和信件都表达了对他的敬意和支持。按照寄信人的说法，很多信都是含着泪写出来的。陌生人带着宽慰的心情给他来信，似乎布赫瓦尔德要掌控自己命运的决定给了他们将来做出同样决定的许可似的。

愿意跳船入海而不愿搭乘救生艇，这好像是很英勇，但是，布赫瓦尔德并不为“勇敢”之说所动。

“我讨厌透析，因为透析需要我在那里坐5个小时。这太耗时间了。我一旦下定了决心，那就不改了。”他告诉我说。

“结局”并不是个禁忌的话题。事实上，布赫瓦尔德从不断地敲打天堂的大门这个过程中发现了很好玩的素材。

护士走了过来。“布赫瓦尔德先生，汤姆•布洛阔的电话。”

布赫瓦尔德笑嘻嘻地接了电话："嗨，我还在呢，不知道为什么……"

毫无疑问，布赫瓦尔德是这个临终关怀医院的名流病人。并不是每个人都可以收到大明星尼尔·西蒙的来信，或者每天都有肯尼迪家族的成员来探视的。

但是，按照他女儿的说法，临终关怀医院并没有像两周前那样。两周前，这里就是一个没有休止的聚会场所。至少今天并不是那样。今天这里相当安静，他大多数时间都坐在温暖的客厅里打盹，时间就那样延伸开来。

乔尔和他的家人每天来看望三次。詹妮弗从马萨诸塞州休学了专门来陪父亲。无论什么时候他在旁边睡着了，我就和她在我们的手提电脑上读读写写。当她爸爸想要点什么特殊的东西——比如说麦当劳的水果冻糕——的时候，我们就偶尔出门走走。

"你最好现在就去买，运气好的话或许还能买到最后一块。"布赫瓦尔德说。

冷冻甜点使他活跃起来。这时候没有名人跟我抢，于是我就拉了一张椅子靠近他坐着，问他问题，比如："艾特，你为什么就不怕死呢？"

"因为我不知道死是什么，我控制不了死。"他回答。

"要是你见到上帝了，他会对你说什么呢？"

"也许有上帝，也许没有上帝，但是，这个问题的答案可不能由我来给出。每一种宗教都告诉我们说有一个神，但是我不肯定，所以对这个问题我不会想太多。"他说。

他的女儿问："爸爸，你曾经有过濒死的体验吗？"

布赫瓦尔德回答："或许是在战争期间吧。在散兵坑里被打中的时候，那感觉就像是濒临死亡了。那可不是件很开心的事。"

"在这里，在这个临终关怀医院里，什么想法给你带来快乐呢？"我问。

"我的孩子们，以及这一切结果都是这么好的事实。我使人们笑，因而从中得到快乐。"他说。

根据克拉里的统计，布赫瓦尔德在一生中轻轻松松地写出了大约8000篇专栏文章。直到大约是1995年，他每周写三篇专栏文章；直到今年刚刚过去的1月份，他还在写两个周刊。我问："艾特，你还想写作吗？我知道你不再写专栏了，但是是否有那样一些时刻，你在这里希望自己还能敲打出又一篇专栏出来？"

"不，不怎么想写了。我写了一篇，一篇等我升天后第二天再登出来的悲伤的文章。”他说。

我问：“对于那些想成为下一个布赫瓦尔德的幽默专栏作家，你会跟他们说些什么呢？”

他回答说：“你就是你。在这一切发生在我身上的那个时代，报纸还是件了不起的东西。但是，换成现在，今天我甚至有可能不能成功。报纸不再像它们先前那样看待专栏了。”

午后的阳光透过窗户外面的木板板条一缕一缕地照进来，房间里感觉暖暖的、懒懒的。这个临终关怀医院就是他的最后一站了。这个想法是不是令人不舒服呢？

但是布赫瓦尔德依然很乐观：“你总得去某个地方吧，这里还是相当不错的。”然后他补充道：“现在我想要睡一觉。”

在成堆的礼品和纪念品中，他打起了盹。一个包裹到了，那是一个朋友寄来的美味冷冻甜点。在一桌子的兰花、春天的花束和一筐筐的盆花前，布赫瓦尔德就像是睡佛一样。在他身边，一身白色的泰迪熊戴了一顶紫色的帽子，帽子上面系了一根饰有圆点花纹的飘带和白色的羽毛。这是肯尼迪家族的某个成员送的礼物。

我按下一个按钮，这只小熊的脑袋就左右摇摆，一个婴儿的声音唱着：“你填满了我的感觉，就像夜晚笼罩着森林。”

“嗨，它还会唱约翰·丹佛的《安妮之歌》呢，这只熊有点口齿不清哦。”我跟他女儿说，我们两个都笑了起来。

詹妮弗说：“他死了以后，这会跟他走的。”她父亲将被火化，一些礼物以及家人和最亲密朋友的照片也会一起火化给他。

后来布赫瓦尔德接了一个他的商业代理人打来的电话。过后我问他：“你们聊天聊得开心吗？”

他说：“开心啊，我告诉他说我很惊奇。根本没有什么变化。”

我说：“你为什么会惊奇呢？”

“因为他们说过我要是不透析的话就会死的。没想到我现在还会有这样好的状态。”布赫瓦尔德说。

我说：“或许这是积极的心志的力量。或许这是因为有爱在支撑着你。”

后来，到了该飞回波士顿的时候了。我告别的时候是下午，这时候恰好有两位肯尼迪家族的成员过来了。

我们都打过招呼，但这时候我该亲吻艾特·布赫瓦尔德的额头表示告别了。

他拉住我的手：“谢谢你，宝贝，谢谢你给我带来了那个奖项。”

“艾特，对所有爱你的专栏作家，你有什么智慧之珠要赠送的吗？”

“不断地写作。告诉他们，就是要不断地写作。”他说。

专有名词英汉对照

Abbott and Costello　艾博特与科斯特洛

Abu Ghraib　阿布格莱布监狱

Alberto Gonzales　阿尔韦托·冈萨雷斯

American Academy of Religion　美国宗教学院

American Society of Journalists and Authors　美国新闻工作者与作家协会

Anne Hull　安娜·哈尔

ASNE：American Society of News Editors　美国报纸编辑协会

Anton Chekov　安东·契诃夫

Arianna Huffington　阿丽亚娜·赫芬顿

Arkansas Democrat-Gazette　《阿肯色州民主党人报》

Art Buchwald　艾特·布赫瓦尔德

The Atlanta Journal Constitution　《亚特兰大宪法报》

Barry Manilow　巴里·曼尼洛

Bernhard Hugo Goez　本哈德·雨果·高斯

Beverly Beckham　贝弗莉·贝克汉姆

Bill Tammeus　比尔·塔缪斯

Bob Haught　鲍勃·霍特

Bob Herbert　鲍勃·赫伯特

Bob Woodward　鲍勃·伍德沃德

Boston Globe　《波士顿环球报》

Boston Herald　《波士顿先驱报》

Britney Spears　布兰妮·简·斯皮尔斯

Bruce Desilva　布鲁斯·德席尔瓦

Kansas City Press Club　堪萨斯市出版俱乐部

Casey Kasem　凯西·卡瑟姆

CHNI News Service　北爱尔兰流浪者协会新闻服务社

Christopher Kenneally　克里斯托弗·肯尼利

Cincinnati Enquirer　《辛辛那提询问者报》

Cincinnati Journalism Hall of Fame　辛辛那提新闻业名人堂

Copyright Clearance Center　版权清算中心

Craig Wilson　克雷格·威尔逊

Creators Syndicate　创造者辛迪加公司

Cynthia Tucker　辛西娅·塔克

Dave Aster　戴夫·阿斯特

Dave Barry　大卫·巴里

Dave Lieber　戴夫·利伯

David Chartrand　大卫·查特兰德

David Sedaris　大卫·赛德瑞斯

David Steele Distinguished Writer Award　大卫·斯蒂尔杰出写作奖

David Walks-As-Bear　大卫·熊步

David Yount　大卫·尤恩特

Dayton Daily News　《代顿每日新闻报》

Deb DiSandro　德布·迪桑德罗

Derrick Jackson 德里克·杰克逊
Des Moines Register 《德梅因纪事报》
The Detroit Free Press 《底特律自由报》
Diane Rehm 戴安妮·莱姆
Don McNay 多恩·麦克内
Don Murray 多恩·默里
Donald Rumsfeld 唐纳德·拉姆斯菲尔德
Edge 《刀锋报》
Edmond LeBreton 埃德蒙德·勒布莱顿
Ellen Goodman 埃伦·古德曼
Elmer Gantry 艾尔默·甘特里
Englewood [地名]英格尔伍德
Erma Bombeck Writers' Workshop （2006） 厄马·邦贝克作家研讨会
Ernesto Portillo 厄内斯托·波蒂略
Ernie Pyle
Evening Sun 《黄昏太阳报》
Fort Worth Star Telegram 《沃斯港明星电讯报》
Frank Kaiser 弗兰克·凯泽
Frank O' Connor 弗兰克·奥康纳
Gary Schwab 加里·施瓦布
George Waters 乔治·沃特斯
Gene Krupa 基恩·克鲁帕
Grand Central Station （纽约）中央车站
Greg Rummo 格雷格·伦莫
Hattiesburg American 《哈蒂斯堡美国人报》
Herald Times 《先驱时报》
Herb Caen Award 赫布·凯恩奖
Horace Greeley Award 贺拉斯·格里利奖
Howie Carr 霍伊·卡尔

Hunterdon County （NJ） Democrat 《亨特敦县民主党人报》

Independence Tribune 《独立论坛报》

Irvin Shaw 欧文·肖

James B. Stewart 詹姆斯·B.斯图亚特

Jeff Jacoby 杰夫·雅各比

Jerry Zezima 杰瑞·泽兹玛

Jim Braude 吉姆·布劳德

Jim Breslin 吉姆·布雷斯林

Jim Stasiowski 吉姆·斯塔肖夫斯基

John Branton 约翰·布兰顿

Judy Miller 朱迪·米勒

Kankakee Daily Journal （IL）《坎卡基日报》

Kansas City Star 《堪萨斯城星报》

Karen Rinehart 凯伦·莱茵哈特

Karin Vingle Fuller 卡琳·温格尔·富勒

Keith Woods 基思·伍兹

Ken Fuson 肯·富森

Kristen Twedt 克里斯汀·特维德

L. Kim Tan L.肯姆·谭

Laura Pulfer 劳拉·普尔弗

Lisa McManus 莉莎·麦克马纳斯

Lloyd Garver 罗伊德·贾维尔

Los Angeles Times 《洛杉矶时报》

Maggie Van Ostrand 玛吉·范·奥斯特兰德

Margery Eagan 马格丽·伊根

Marguerite Kelly 玛格丽特·凯利

Mary McCarty 麦卡迪

Maura Casey 莫拉·凯西

Maureen Dowd 毛琳·多德

Maurie Maverick　莫里·麦维里克
Media Matters for America　美国传媒事务
Melissa Jarvis　梅利莎·贾维斯
Michael Murphy　迈克尔·墨菲
Mike Morin　迈克·墨林
Mike Royko　迈克·罗伊科
Milton Times　《米尔顿时报》
Molly Ivins　莫莉·艾文斯
Montclair Times　《蒙特克莱尔时报》
Murray Waas　穆雷·瓦阿斯
NAACP　全国有色人种协进会
Nashua Telegraph　《纳舒厄电讯报》
National Journal　《国家期刊》
National Society of Newspaper Columnists　全国报纸专栏作家协会
National Writers Union　美国作家工会
Neil Diamond　尼尔·戴蒙德
NewYorker　《纽约客》周刊
New York Times News Service　纽约时报新闻服务社
Nieman Foundation　尼曼基金会
NPR　美国国家公共电台
Oon Yeoh　吴耀
Patriot Ledger　《爱国者纪事报》
Paul McCartney　保罗·麦卡特尼
Pete Hamill　皮特·汉米尔
Phil Reisman　菲尔·雷斯曼
Philadelphia Daily News　《费城每日新闻》
Philadelphia Inquirer　《费城询问者报》
Pittsburgh Post-Gazette　《匹兹堡邮政公报》
Potomac Junction　波多马克

Presbyterian Writers Guild　长老会作家协会

Pulliam Fellowship　普尔利曼奖学金

Rachel Hunter　蕾切尔·亨特

Ray Nagin　雷·纳根

Republican American （CT）　康涅狄格州《共和党美国人》

Rick Bragg　里克·布拉格

Rick Epstein　里克·爱普斯坦

Rick Newcombe　纽康布

Robert Benchley Award　罗伯特·本奇利

Robert C. Koehler　罗伯特·C.科勒

Robert L. Haught　罗伯特·L.霍特

Robin Givhan　罗宾·吉芙汉

Rod Stewart　洛德·斯图亚特

Ron Jackson　罗恩·杰克逊

Sacramento Bee　《萨克拉门托蜜蜂报》

Sam Stanton　山姆·斯坦顿

Samantha Bennett　萨曼莎·本内特

Scripps Howard Foundation　斯克里普斯-霍华德基金

Scripps Howard News Service　斯克里普斯-霍华德新闻服务社

Sheila Buska　希拉·巴斯卡

Simon Jenkins　西蒙·詹金斯

Smiley Anders　斯迈里·安德斯

Snoop Dogg　史努普·道格

SPJ：Society of Professional Journalists　美国职业新闻记者协会

Springfield News Leader　《斯普林菲尔德新闻领导报》

St. Petersburg Times　《圣彼得堡时报》

Stamford Advocate　《康涅狄格州斯坦福倡导者报》

Steven Lopez　史蒂文·洛佩兹

Stu Bykofsky　斯图·白可夫斯基

Sunday Gazette-Mail 《星期天新闻邮报》

Sy Hersh 塞莫尔·赫希

Terry Marotta 特里·马洛塔

The Advocate 《支持者报》

The Author Guild 美国剧作家协会

The Courier Post 《信使邮报》

The Columbian 《哥伦比亚人》

The Detroit Free Press 《底特律自由新闻》

The Essential Bruce Springsteen 《布鲁斯·斯普林斯汀金曲集》

The Journal News 《杂志新闻》

The New Yorker 《纽约客》

The Republian American 《共和党美国人报》

The San Francisco Chronicle 《旧金山编年史》

Thomas Friedman 托马斯·弗里德曼

Tim Bete 提姆·比特

Today 《今天日报》

Tom DeLay 汤姆·德莱

Tommy Tomlison 汤米·汤姆里逊

Tony Kornheiser 托尼·柯恩海瑟

Tony Messenger 托尼·梅森杰

Tony Norman 托尼·诺曼

Tracey O’ Shaughnessy 特蕾西·欧莎尼西

Tribune Media Services 论坛传媒服务公司

Universal Press Syndicate 环球新闻辛迪加集团

University of Dayton 代顿大学

USA Today 《今日美国》

Vogue 《时尚》杂志

W.Bruce Cameron W.布鲁斯·卡麦隆

Walker Stone Award 沃克·斯通奖

Walter Brasch 瓦尔特·布拉什

Washington Post 《华盛顿邮报》

Wilbur Award 威尔伯奖

Will Rogers 威尔·罗杰斯

Wilson Mizner 威尔逊·米兹纳

Winnipeg Free Press 加拿大《温尼伯自由新闻报》

Suzette Martinez Standring 苏载特·马丁内兹·斯坦德灵

译后记

1

近代史上第一份中文报纸出现在1815年的马六甲，由传教士马礼逊、米怜创办，名叫《察世俗每月统记传》。该报后来开辟有介绍各国概况的专栏。1872年，英国商人美查（Ernest Major）在上海创办《申江新报》，后改名《申报》，这是我国第一家商业报纸。《申报》上也开辟了专栏，鲁迅就曾在上面发表过著名的杂文。如今我国的各大报刊几乎也都辟有专栏，像《人民日报》的《人民时评》、《北京晚报》的《燕山夜话》等，都很有影响力。可见，专栏在我国报纸发展史上所起到的作用实在不可低估。

然而，说到目前我国对报纸专栏的研究，成果似乎不是很多。如今我国每年出版的图书几十万种，而以“专栏写作”为书名的作品，恕我孤陋寡闻，还没查到。在期刊上倒是找到一些谈专栏的文章，但大多是对各种专栏文章特点的分析。比如，2002年，王伟金在《韩山师范学院学报》发表《办好报纸专栏浅见》，提出报纸专栏“要有特色与贴近性”，要有“专一性和包容度”，要注意“培植与巩固”名牌专栏。

2004年，林克勤在《新闻界》发表《解析报纸专栏》，讨论了报纸专栏的内涵，并对报纸专栏的版面特征和文化特征予以分析。2005年，《新闻传播》上发表了张慧丽、张子让的文章《报纸名专栏的平民视角》，认为报纸专栏应该关注普通人的平凡生活和思想变化，关注时代焦点话题，并且“来之于民，用之于民”。同年，《当代传播》发表裘小桦的文章《报纸专栏评论的特点》，认为我国报纸专栏评论的内容风格日趋多样，立论风格注重真实性、群众性和贴近性，在发展趋势上，则强化了专栏的桥梁沟通作用、文章由长变短、品牌意识深化、编辑对专栏作家的要求提高。2006年，《新闻前哨》发表罗玲的《市民报情感倾诉专栏的走向》一文，分析了流行的报刊情感情书专栏存在的问题，如题材内容单一、文化品位低俗、思想内涵平平等，指出这些栏目“既要以健康的有指导意义的内容来引导受众，又要以人文的、通俗贴近的形式来满足受众”。2009年，李宏在《今日南国》上发表《让旗舰上的汽笛更嘹亮》，分析《人民日报》的专栏《人民时评》，总结出该专栏的四个特点，即“选择话题、引人关注”“观点明确、揭示真理”“广泛论证、旁征博引”“平等交流、循循善诱”。2010年，李劲松、周敏在《湖北第二师范学院学报》上发表《浅论报纸名专栏的打造》，认为要打造报纸名专栏，需要找准市场定位、突出品牌理念和价值追求、注重市场营销、以人为本、注重专栏形式等。2011年，《中国地市报人》上发表刘朝阳的文章《报纸专栏评论发展趋势初探》，认为当前报纸专栏评论文章有如下趋势：选题立论公众化取向明显，内容日趋贴近生活；评论和新闻结合；受众可以直接参与评说；评论由大趋小，由长变短。

可以看出，上面这些文献都发表在非核心类的期刊上，讨论的重点无外乎对现有专栏文章的特点予以描述和总结。可以说，这样的讨论，对于专栏写作人员以及有志于从事专栏写作的人员来说，意义有限。

有意从事专栏写作的人员不少，然而，怎样从事专栏写作？怎样获得专栏写作的机会？专栏作家会有什么样的生活？专栏作家应该具有什么样的素养？对这些问题，普通读者一无所知。

这是因为，我们没有或者很少有业内行家现身说法，为我们揭示专栏写作背后的种种“奥秘”。

2

苏载特·马丁内兹·斯坦德灵（Suzette Martinez Standring）是美国当代著名的专栏作家，她写的幽默专栏、生活方式专栏和宗教专栏都很受欢迎，多次获得过美国的写作大奖。她的《专栏写作的艺术》就是一部由专栏作家现身说法、讨论专栏写作的著作。

斯坦德灵走向写作的道路比较奇特；正如她在本书中说的，她成为专栏作家几乎完全是靠运气。她不是专业出身，没有经验，也没有接受过正规的写作训练。1998年，她为了好玩参加了一个成人新闻培训班，获得培训老师的赏识，开始在当地的县日报发表文章，此后“一发不可收”。1999年，她加入了美国全国报纸专栏作家协会，2004—2006年期间，成为该协会的会长。

斯坦德灵的专栏文章在多家媒体上刊载，这些媒体包括《米尔顿时报》《爱国者纪事报》《作家杂志》以及网络媒体《哈芬顿邮报》等。2007年，她加入了盖特豪斯传媒集团（GateHouse Media），成为其签约的辛迪加撰稿人。2013年，她在美国全国报纸专栏作家协会举办的专栏写作大赛中，荣获“网络、博客、多媒体写作一等奖”。目前，她在写作之余主要从事写作培训，为厄马·邦贝克作家研讨会、全国报纸专栏作家协会、威尔·罗杰斯作家研讨会、科德角作家协会、佛罗里达作家协会等机构开设写作讲座。2013年，她还出版了本书的姊妹篇《观点写作的艺术》。

她写的《专栏写作的艺术》一书，以自己和美国其他著名专栏作家的亲身感受为例，为广大读者揭示了专栏写作的诀窍。该书也为斯坦德灵赢得了三个写作大奖，在亚马逊网站上，读者对该书全都给予5颗星的好评。

3

正如本书作者自序中所说，《专栏写作的艺术》是为那些“要把自己的经历或观点写成专栏文章”的人写的，也就是为所有有志于成为专栏作家的人写的。

从本书的目录即可看出作者的用心。该书分四个部分。第一部分讨论专栏写作实用技巧，包括观点、声音（这个词在写作中有特别的含义）、如何写开头和结尾、如何展开文章、如何控制文章长度、如何应对写作瓶颈、如何和编辑打交道、如何修改文章等。这些内容都很精彩，而给译者印象最深刻的，是书中介绍的各种应对写作瓶颈的办法。这些办法绝不仅仅适用于专栏写作！第二部分则分专栏内容讨论不同专栏的写作。值得注意的是，本书所用的专栏名称并不完全符合我国国情，比如说，美国报纸上常见的“宗教专栏”，在我国的报纸上就比较少见；而我国报纸上常见的种种专栏，这里也没有面面俱到地提及。但是，不管怎么说，书中所提到的写作技巧和写作要注意的事项，对学习写作的人来说都是非常具有指导意义的。第三部分探讨专栏作家的内心世界，涉及专栏写作的职业伦理以及在生活中如何注意在职业操守和社交活动之中获得平衡的问题。可以说，这部分内容对我国所有新闻业从业人员都具有借鉴意义。第四部分从专栏以外谈专栏，引导读者思考在专栏写作之外，专栏作家还可以从事别的什么业务。这部分内容为广大专栏作家开阔了视野，扩展了思路。就作者斯坦德灵而言，正是这种开放的心态和开阔的视野让她“触电”：从2010年起，她在马萨诸塞州的米尔顿有线电视上开始主持一个半小时的电视节目“It's All Write With Suzette”，邀请专栏作家名流前来讲述写作心得以及各作家的新作。

本书封面上引用了《堪萨斯城星报》专栏作家比尔·塔缪斯的话说：“我一直认为没有人能够写出一部可以真正教会别人怎样成为报纸专栏作家的书来，可是，好家伙，我错了。苏载特·马丁内兹·斯坦德灵就写了这么一本书，而且写得棒极了。”

4

不用多说，从其写作经历也可以看出，斯坦德灵是个很有灵气的作家。未曾经过专门的写作训练，没有写作经验，她却获得别人的青睐，成为正式的专栏作家。她兼写幽默专栏、生活方式专栏和宗教专栏，对语言风格的把握具有独特的敏锐性。对于这样一位作家，要翻译她的作品不是件容易的事。

首先，斯坦德灵的语言妙趣横生，对各种修辞手法的巧妙运用，使其文本充满幽默感。但是，双关语、谐音等语言手段，严格说来是不可译的，因此，翻译这样的语言段落，常常令译者吃尽苦头。作为译者，我觉得有义务传达原文语言上的妙味，不仅要准确表达语言的意义，还要尽量使语言具有原文生动活泼的风格。那么，译文究竟是否达到了译者所期待的效果？这有待本书读者的评判。

其次，本书引用了当代美国新闻界各种语言材料，涉及大量文化背景的知识。这些文化内容方面的知识，不生活在美国的文化环境中可能很难体会。这样的内容，翻译起来也是难题。幸好有网络，在网络搜索引擎的帮助下，译者对书中重要的文化现象都给予注释。本书所有脚注都是译者所加，希望这些注释能够帮助读者更好地理解原文。

最后，还是因为文化差异，书中所讲述的一些内容并不完全适合我们的国情。比如，原文提到的各家辛迪加联合投稿组织机构，这些机构并不适用我国的情况。再比如，关于著作权的问题，我国的法律规定和美国的法律规定也有差异。译者注意到这样的差异，有的地方也用脚注的形式做了提示。为了原文内容的完整性，译文对这样可能不适用的地方并没有删节，这一点希望读者能够谅解。

原书最后附有一个专有名词（主要是人名）和术语的索引。这些索引对我国读者意义不大，所以略而未录。但是，对于书中提到的各专有名词（包括人名、报刊名称、机构名称等），对应的原文是什么？对有心想要通过网络或其他手段查阅的读者来说，这些或许有用，因此在译文最后另附了一个英汉对照的专有名词表（而不是索引）。

5

对南方日报出版社各位老师的信任、鼓励和支持，我谨致诚挚的谢意。

在翻译初稿完成后，张晓虹在研究生毕业阶段的繁忙时间里，抽空通读初译稿，并做了细致的修改——当然，译文中所有的错漏都是译者的责任——对她的辛勤劳动，我在此一并表示感谢。

译者

2013年10月